对话 实践 成长

——基于课堂实践的
小学英语教学实践

颜少佳 / 著

东北师范大学出版社

长春

图书在版编目（CIP）数据

对话　实践　成长：基于课堂实践的小学英语教学实践 / 颜少佳著. — 长春：东北师范大学出版社，2020.8

ISBN 978-7-5681-7108-3

Ⅰ.①对… Ⅱ.①颜… Ⅲ.①英语课－教学实践－小学 Ⅳ.①G623.312

中国版本图书馆CIP数据核字（2020）第159718号

□策划创意：刘　鹏

□责任编辑：徐小红　薛　源　　□封面设计：言之凿

□责任校对：刘彦妮　张小娅　　□责任印制：许　冰

东北师范大学出版社出版发行

长春净月经济开发区金宝街 118 号（邮政编码：130117）

电话：0431-84568115

北京言之凿文化发展有限公司设计部制版

北京政采印刷服务有限公司印装

北京市中关村科技园区通州园金桥科技产业基地环科中路 17 号（邮编：101102）

2022年6月第1版　　2022年6月第1次印刷

幅面尺寸：170mm×240mm　　印张：9.75　　字数：151千

定价：45.00元

目录
CONTENTS

上篇 教学实践

1

中篇 **专业成长**

下篇 **教学工作**

教学实践

上篇

Lexical Approach在小学英语教学中实践研究成果报告

一、问题提出

　　茂名市经济欠发达，大部分学校的学生欠缺英语的学习环境。而从英语教学的整体情况来看，有的学校两极分化情况严重，在期末教学质量评估中，有些学校的英语平均分远远低于及格线。有些学生在小学阶段学了四年英语还写不齐26个字母。有些学生的考试成绩很好，但与他们交流时，他们对于"How are you?"的回答，永远都是"Fine, thank you. And you?"。也有些学生从来都分不清"I am... You are... He/She is..."。如何培养学生综合运用英语的能力，这一问题一直困扰着英语教师。通过对小学英语教学大纲的学习，我们都意识到，对于刚接触第二语言的小学生来说，英语教学的重点应集中在培养他们的词汇能力（词块运用能力）上，即让其学习和掌握在语言交流中频繁出现的固定的词语、搭配和句型，从而把词汇、语法的习得和交流能力的培养融为一体。在多年的教学实践中，我们也发现茂名市小学普遍使用的教材（人教PEP版教材、外研社的教材等）都是以词块呈现的方式编写的。因此，探索一条切实可行的、有效提高小学生英语学习能力的新路子，扭转一直以来小学英语教学"投入多，收获少，耗时多，效率低"的局面是本课题急需解决的问题。

二、解决问题的过程与方法

（一）研究的内容

（1）构建Lexical Approach在小学英语中的基本教学框架。

（2）探索Lexical Approach在小学英语教学中的有效方法。

（3）创建Lexical Approach在小学英语教学中的课堂教学模式。

研究主要从以下几个问题展开：

（1）什么样的Lexical教学模式与策略适合小学生？

（2）如何开展有特色的Lexical教学？

（3）如何创设Lexical教学环境？

（4）如何通过Lexical教学培养学生的学习能力？

（二）研究的方法

本研究以外研社出版的小学《英语》和人教社出版的小学《英语》为主要教材，以课堂为主要教学阵地，以语块教学为主线，集多种现代教学法的优势为一体，比如语块教学法、任务教学法、实验法等，对英语进行教学，通过输入、吸收和输出等一系列教与学的活动，引导学生辨认、学习、使用和积累语块，达到复习、巩固和扩展、提炼的目的，从而使学生有效掌握并熟练运用语块，提高小学生的英语听、说、读、写能力。

（1）观察法：在教学过程中对学生的外在行为进行有计划、有目的的观察，从而直接感知和记录学生对所学语块材料的兴趣、理解程度、掌握情况等。

（2）实验法：根据实验目的，对小学英语词块的教学模式分年级进行不同的设计、探索，并对不同的课堂教学现象进行记录、分析，寻求最佳的教学模式。

（3）案例分析法：对人教版教材进行分析，或对课堂案例进行微格研究，直观地体现研究情况。

（三）研究的过程

1. 背景分析

（1）开展课题前对教师群体的状况进行分析。

① 教师有极大的责任心和使命感，但是缺乏研究的平台，工作中的盲目性较高。

② 部分教师长期处于"温水煮青蛙"的工作状态，失去了创新的激情与动力，课堂变得平庸、乏味。

③ 有些年轻教师没有得到很好的帮助，失去了学习和思考的能力，教学方式呆板、单一。

④ 面对学生的两极分化现象，有些教师把全部原因归结于家长疏于管理、学生个人懒惰，采取了放弃态度。

（2）开展课题前对学生群体的状况进行分析。

① 学生没有正视学习英语的目的，认为是教师、家长要自己学的，被动学习。

② 学生在学习英语、记忆词汇的过程中兴趣不高，缺乏创造性。

③ 学生虽然花了很多时间背单词，但在应用词汇时束手无策。他们把独立单词的意思和拼写记得滚瓜烂熟，但真正让他们把单词串起来进行口语或写作表达时，出现"大脑一片空白"或词汇误用、滥用等问题。

（3）开展课题前对家长群体的状况进行分析。

① 家长认为学生有必要学习英语，但有些家长不能对学生的英语学习进行辅导，主要是工作原因或者是文化程度不高的原因。

② 家长对英语学科的重视程度不同，只有一部分家长能帮助学生学习英语。

③ 多数家长都愿意配合教师对孩子的英语学习进行监督，但是在实际生活中有很多家长做不到。

④ 多数家长认为孩子的英语学习责任在于英语教师。

2. 理论学习

不同的语言学研究者对词块有不同的表述。早在 1975年，语言学家 Becher 就对词块进行了研究，随后，许多学者分别对词块展开了深入的探讨，最终以 Lewis的*The Lexical Approach*著作奠定了词块的理论基础，同时以词块为中心的词汇教学法受到了人们的重视和采纳。所谓 词块（lexical chunk），是指出现频率很高、形式比较固定、使用语境比较单一、像板块一样的一种语言形式。 在本课题中，"以培养词块意识为中心的英语教学"成为研究的重要任务。将词块进行归纳、分析、记忆和应用，对英语词汇的应用和语感培养进行系统的、有目的的操练，不仅对词汇教学有意义，对英语教学的其他方面也有意义。

（1）增强教师群体以"词块"导学的教学意识。

① 培养实验教师高尚的职业操守。

依托英语名师工作室，组织茂名市区各小学的英语科组长和骨干教师开展各种教学研究活动，打造积极、热情、有智慧和有责任感的教师团队，研究合适的词块教学策略，改变传统的英语教学方式，以培养学生英语的综合能力。

② 学习相关的词块理论，让教师在课堂教学中有明确的方向感。

③ 运用词块学习策略，分层次进行教学，让优生更优，学困生也不落后。

（2）培养学生群体以"词块"自学的学习意识。

① 培养学生听英语、说英语的良好习惯。创设有特色的英语学习环境，开展有特色的词块教学，满足学生学习英语的需要，让他们在仿真的环境下运用语言。

② 培养学生利用零碎时间记忆英语词汇的意识。抓住学生心理，培养他们自主学习英语的能力，使其愉快地记忆词汇，获得成功的满足感和喜悦感。

③ 培养学生利用词块辅助阅读与写作的能力。

④ 传授学生巧妙记忆词块的方法。

（3）培养家长群体以"词块"助学的监督意识。

加强家校联系，多与家长沟通，让他们认识到学习英语的重要性，为学生创造更好的英语学习空间。

3. 探索词块教学的课堂模式

（1）词块的教学模式。

我们发现，学生在记忆英语单词时普遍存在一些问题，如：学生会读不会写，口中念念有词，却不知如何下笔；学生两极分化严重，课堂中出现优生记得快而学困生完全找不着北的现象；对于常用的固定搭配短语，学生在口语交际中不会用；学生对一些日常口语不能灵活运用；等等。依据《义务教育英语课程标准（2011年版）》的要求与学生实际情况，我们制定了词块教学的有关策略，在实践中不断地尝试，不断地改进，力求形成一个基本教学模式。

第一种课型：阅读课

A. 阅读文章1—2遍，然后根据内容做逻辑性的判断，通过判断性或选择性的练习，验证对阅读内容的理解情况。

B. 再读课文，找出文中有用的词块，在班里与同学分享，说说你认为这个词块有用的原因。

C. 用找出的词块进行造句。

D. 用所造的句子形成语篇，做口语练习。

第二种课型：写作课

A. 教师给出一些相应的词块，学生大声朗读。

B. 学生根据所给的词块进行问答。

C. 教师把所给的词块进行编辑，创设情境，展示意境。

D. 学生根据提示内容进行写作。

第三种课型：口语交际课

这种课型多在三四年级使用，主要是为了让学生在刚接触英语的时候保持兴趣，形成良性循环，为以后的学习打下基础。

A. 角色朗诵、表演，揣摩词块的意境，领悟各个角色的人物对话。

B. 扩词练习。如 "boy—a boy—a happy boy—a happy cute boy—He's a happy cute boy." 等。学生对这些内容朗朗上口，输出时可以信手拈来。

C. 以快板形式进行操练。如 "我家dad，脾气bad，让我sad。养只cat，非常fat，会抓rat"。在教学中，多收集类似的内容，激发学生的兴趣，让其养成良好的背单词的习惯。

（2）词块的教学策略。

① 师生互动：教师导入，学生感知→学生朗读，教师讲解→巩固操练，内化语言。

A. 情境记忆：教师通过绘声绘色讲故事、运用实物、多媒体展示等多种手段引出教学内容，使学生初步感知教学内容，并产生记忆的兴趣。

B. 阅读记忆：学生在同学间交流及教师讲解的过程中理解一些单词、词组的含义与用法，并能设计一些Yes/No的问题或简单的选择题，反复记忆，仔细体会。

C. 语境记忆：学生根据教师给出的关键词块进行表演、复述等，凭借互动共振的效应，促进语言材料的内化。

D. 对比记忆：教师给出相对应的单词，学生对比学习。如英汉对比：sofa（沙发）、radar（雷达）等。读音对比：right—light，bag—bad，meet—meat等。

E. 分类记忆：不同场景涉及特定的一些场景词汇，学生按照场景来记忆，如颜色、食物、饮料、衣服等。用这种方法进行词汇的拓展和记忆不会枯燥，也较有针对性。

F. 构词记忆：如bedroom、playground、blackboard等。教师先在黑板上写下两个单词，让学生分辨读音、词形及词义，再让学生合起来读，加强他们的记忆。

G. 音节记忆：学生先划分音节，再根据音节对应的字母记忆单词，如university、principal等。

② 主动参与：联想记忆→交流讨论→小结巩固。

联想记忆指由一个词的记忆，同时引出与此相关联的其他词汇的集中记忆。这种策略比较适合中高年级的学生。可让学生根据自选的单词，进行360°的拓展练习。例如：

happy   sad

```
          happy   sad
well    angry  bored      cold
fell       ↑            fever
fall    ←  feel  →   headache
ball       ↓        stomachache
        grandma  mother
       grandpa  father
```

③ 开放学习：提供信息→及时巩固→反复记忆。

学生通过课外读物进行自主学习。这种策略一般在高年级使用。可以有两种安排：一是利用课堂三分之一的教学时间，教师提供课外读物，让学生根据任务要求进行学习。二是鼓励学生利用课外零碎时间记忆词块，比如回家的路上，吃饭的餐桌上，洗澡的时候，等等。这是课堂教学的延伸。它的主要目的是让学生反复记忆，提高其理解词块的速度和准确度，使学生逐渐提高综合运用英语的能力。

三、成果的主要内容

我们通过本课题的研究，在理论上获得了新认识，形成了词块教学的新观点。它们是：

1. 词块教学的本质——提升英语交流能力的基础

单词虽然是英语的基本单位，但并非英语教学的最小单位或者最佳单位。学生语言的流利程度高低不取决于他们大脑中储存的语法规则的多少，而取决于词块储存的多少，是词块使人们流利地表达自我。学生在学习词块时不仅学习词汇本身，还包括它的语法结构和与其语境相关的语用功能。著名语言教学专家威尔金斯主张词汇在语言教学中应占主要地位，"没有语法，表达甚微；没有词汇，表达为零"。对于词块的界定，卫乃兴认为，它们实质上是一些高度惯例化的搭配，长度不等，结构繁简不同，是预先装配好的词组，而语言使用的过程就是将这些搭配组织成话语的过程。而本课题参照Lewis使用的术语，对词块的界定采取模糊手段，不纠结于词块的统一概念，凡是常用的对学生的口语和书面表达有意义的都视作词块。

2. 词块教学的开发——提高教学质量的根本

教学质量是英语教学的生命线，任何脱离质量的教学都是苍白无力的。模式化的词块是语言交际中最理想的单位。电脑语言统计数据显示，英语自然话语90%由各类词块组成。也就是说，语言的记忆和存储、输出和使用不是以单个的词为单位的，而是以那些固定或半固定模式化的词块为单位的。开发好词块教学，是我们提高教学质量的根本。

3. 词块教学的设置——关注学生的发展

词块教学"以学生发展为本"。它的含义是：

A. 学生用英语获取信息的主要渠道是阅读。

B. 学生使用英语进行表达主要体现在写和说两个方面。

提高听、说、读、写等语言技能的前提是掌握足够多的词汇。学生通过输入来习得语言有四个阶段：

第一阶段：选择。选择环境中感兴趣的特定信息，并将此贮存进大脑，形成短时记忆。

第二阶段：习得。积极地将短时记忆中的信息转入长时记忆。

第三阶段：建构。努力在贮存于短时记忆中的诸多信息间建立起一种联系。大脑长时记忆中的有关信息（学生的原有知识），可以用来帮助学生理解新获得的信息，并提供组织新信息的框架。

第四阶段：综合。将短时记忆中建立联系的信息归到长时记忆中，同化到原有的认知结构中，导致长时记忆中原有的认知结构重组。选择和习得决定学习的数量，而建构和综合，尤其是建构决定学习内容的组织方式及学习质量。

英语词汇学习的过程实际上是一种新信息的摄入和组织的过程。学生的原有知识对新知识的吸收产生影响，产生一系列的重组。词块是一个有意义的信息单元，词块可以是一个时间、地名、成语、句子、图示、事件等。词块是一个整体，我们可以把它当作记忆的最小单元体，那么就意味着在相同的时间里，学生对词块进行记忆可以比原来对一个单词进行记忆要记得多，也就是说记忆的宽度变大了。如英语句子"They were waiting for the sun to go down."，如果把一个单词当作一个单位来记，就有9个单位，但是如果把这个句子分成They、were waiting for、the sun、to go down这四个词块，数量上就不到原来的一半，更容易记了。

4. 词块教学的影响——打造精品课堂

本课题研究立足于课堂，以探索教学模式为主。参加本课题研究的有茂名市八所直属小学：茂名市第三小学、茂名市江滨小学（原茂名市第四小学）、茂名市光华小学（原茂名市第七小学）、茂名市愉园小学（原茂名市第十四小学）、茂名市文东街小学（原茂名市第十五小学）、茂名市桥南小学（原茂名市第十六小学）、茂名市乙烯小学（原茂名市第十七小学）、茂名市桥北小学（原茂名市第十九小学）。本研究涵盖小学三到六年级，每个年级都设实验班和对照班进行对比实验。参研班级和学校研究小组所负责的具体研究内容如下表所示。

课题研究学校及内容

实验学校	研究内容
茂名市桥南小学、茂名市愉园小学	口语交际
茂名市文东街小学、茂名市桥北小学	阅读技能
茂名市第三小学、茂名市江滨小学	写作水平
茂名市光华小学、茂名市乙烯小学	口语与写作

在本课题的研究过程中，实验班采用词块教学法和其他常规教学法，对照班采用常规教学方法。实验班和对照班都使用人教PEP版小学英语教材或外研

社版小学英语教材。

　　课题组对词块教学在各个课型中的应用按照以下程序进行：

　　（1）阅读教学。培养学生识别词块的能力。在学生阅读课文并理解内容之后，教师和学生一起学习词块。

　　① 识别词块：先让学生将课文中的词块画出，教师进行集中讲授，然后要求学生朗读，并在笔记本中记下重要词块。

　　② 操练词块：在课文中取出一些词块，让学生在习题中进行填空。这些词块要结构完整，在写作或口语中常用，具有一定的生成性(替换其中某些词后可以形成新的词块)，对语言输出有较大意义。

　　③ 复述课文：给学生提供课文中的关键词块，让他们复述课文。通过这个练习，学生可以在阅读的基础上有效地将词块运用到口语表达中。

　　④ 运用词块：列出词块，要求学生运用所学知识把词块扩展成句。

　　（2）口语和写作教学。进行口语活动和写作前，师生总结相关话题的词块，尤其是句子框架和引语类的词块，为学生开口或者正式写作提供语言铺垫。无论是课堂教学中教授的词块，还是课外阅读中总结的词块，都要考虑词块的可学性和对交际的影响力，重视口头交际和写作中常用的词块。

　　在实验中我们发现，实验班学生平时很注意语块的积累和运用，所以，他们的语言表达更符合英语习惯，中国式英语较少，成就了教师的精品课堂。

四、效果与反思

　　多年来，我们本着开拓进取、科研兴校、努力探索的宗旨，走教育教学改革之路。新的词块教学模式给学生带来了成功和希望，他们运用英语进行交际获得了前所未有的成功，增强了学习的自信心。同时，教师在实验中快速地成长起来。

（一）实验效果

1. 实验学生的收获

学生已掌握了一定的记忆词块的方法，养成良好的英语学习习惯。

　　（1）中、低年级段的学生：他们的兴趣以直接兴趣为主。小学生喜欢唱唱跳跳，在英语活动过程中全神贯注，表现出浓厚的兴趣，这种兴趣称为直接兴趣。但随着年龄的增长，有的小学生渐渐失去了直接兴趣，而对活动过程所产生的结果表现出极大的兴趣。例如，他们看懂一篇文章后，会产生想学好英语的心理，这种兴趣称为间接兴趣。我们把直接兴趣和间接兴趣有机地结合起来，充分发挥每个学生的积极性和创造性，通过 *Big Book*，用听听、画画、说说、唱唱、演演等形式，从唱英语歌曲，熟读、背诵韵句、对话、课文着手，让每个学生都来参与英语活动，让他们持之以恒，把兴趣转化成学科情感。

（2）高年级段的学生：我们通过阅读与写作来实现词块教学。对于将英语作为第二语言的中国人来说，英语阅读与写作不仅是英语学习的目的，而且是英语学习的主要手段和途径。英语阅读与写作技能不仅是重要的语言技能，也是学生必须掌握的学习技能。

（3）在课题实施过程中，我们抽取了实验班的部分学生进行问卷调查。从调查的数据可以看出，经过实验，绝大多数学生的英语学习习惯即使是升到高年级也保持较好。在课堂教学活动中，学生的兴趣较实验前高，特别喜欢课堂活动和小组合作学习。在记忆词块方面，喜欢用各种方法记单词的学生数量大幅度增加。当然，也有一部分学生没有课外阅读英语书籍，也有一部分学生不喜欢和伙伴共同学习词块。但从整体来看，学生的英语水平还是有了较大的提高，从这一结果来看，我们的课题成果值得进一步推广。

2. 实验教师收获

课题研究转变了教师的教学观念，增强了其科研意识。实验教师在实践中不断提高教学理论水平和课堂教学实践能力，逐步成长为教育科研型的教师。

（1）课题主持人颜少佳被评为广东省特级教师、茂名市名教师，成员陈冬梅老师被评为茂名市优秀科组长，吴远美被推选为茂名市青年名师，多名实验教师被评为茂名市、茂名市直属学校骨干教师、优秀教师，等等。

（2）参与课题实践以来，课题组教师的成就有：部优课例1节，省优课例1节，茂名市优秀课例一等奖4节，茂名市直属学校优秀课例一等奖3节；广东省优秀论文一等奖3篇，茂名市优秀论文一等奖3篇，茂名市直属学校优秀论文一等奖3篇；广东省优秀教学设计二等奖1篇，茂名市直属学校优秀教学设计一等奖4篇。

（二）实验反思

每一种能力的培养方式都有自己的特点和优势，也存在不足。在实验过程中，我们思考以下问题：

（1）在新的词块教学模式下，执教教师如何驾驭课堂，如何引导学生利用词块提高自己的学习成绩？

（2）基于现行的课程标准和现代教学观，我们归纳总结出来的词块教学模式是否适合各种版本的小学英语教材？

（3）小学生的兴趣持续时间不长，词块教学能否保持小学生学习英语的兴趣？

（4）家长是孩子的第一任教师，布置怎样的词块作业才能发挥家长对孩子学习的最大作用？

词块教学研究活动实施后，学生记忆单词的效果明显改善了，但不可否认，我们的研究还不够深入，我们的工作做得还不够好，还有很多问题尚待改进和探讨。但是，我们会脚踏实地地立足于课堂教学，寻找更多途径、更好的方法把词块教学推行到底。

基于学科素养的小学英语教学评价

《义务教育英语课程标准（2011年版）》（以下简称《英语课程标准》）指出，义务教育阶段英语课程的总目标是"通过英语学习使学生形成初步的综合语言运用能力"。英语课程的教学评价的主要目的是：使学生在英语课程的学习过程中不断体验进步与成功，认识自我，建立自信，促进综合语言运用能力的全面发展；使教师获取英语教学的反馈信息，对自己的教学行为进行反思和调整，不断提高教育教学水平；使学校及时了解《英语课程标准》的执行情况，改进教学管理，促进英语课程的不断发展和完善。

作为一门外语语言学科，英语离不开语言、文化和思维。一个科学的学习评价体系，不仅能考查学生对知识的掌握情况，更重视在学生学习和体验过程中，对学生的学习方法及态度、情感、价值、信心等进行评价，使每个学生都能形成自信心和持续发展的能力，培养良好的英语学科素养。

一、用正确的学生观评价学生

著名心理学家霍华德认为："世界上并不存在谁聪明谁不聪明的问题，而是存在哪一方面聪明及怎样聪明的问题。"教师对学生的评价要有正确的学生观，学校里没有所谓的差生，每个学生都是独特的，也是出色的。当这样的学生观形成时，教师就能从多个角度来评价、观察和接纳学生，寻找和发现学生身上的闪光点，更好地培养学生。

（一）以生为本，多方评价

学生是具有自主发展意识的个体，教师在充分尊重学生的主体性和自我发展的基础上，要让他们发掘自己的特长，鼓励他们在英语课的学习过程中，发现自己的才能，树立自信心，充分展示特长。

例如，在教学中，笔者把教材中的相同话题作为一个学习点，在教学前，让学生了解话题的内容，制定阶段学习计划；在每个话题学习结束后，安排时间让学生对该话题的学习内容、学习态度、学习方法技巧等进行自我评价，分析自己在这一阶段的学习中哪方面表现最优秀、哪方面表现比较薄弱，并把自己的评价在班上交流，让自己的评价与集体评价相比较，明白自己评价的准确度。教师可通过学生的自我评价、互评，结合教师自己的评价，充分了解学生的强项与弱项，在以后的教学中有的放矢。坚持下去，笔者发现班上的人才多了，学生的学习能力和语言能力也得到了发展。

（二）师生和谐，激发评价

在师生交往过程中，尤其是在课堂教学中，要转变教师的权威地位，保持师生间的和谐、平等关系，利用评价培养学生的学科素养。笔者在教授外研版六年级《英语》上册模块二"There are lots of beautiful lakes in China."时，要求学生把教学内容"The Huangshan Mountain is high. The Changjiang River is long. The West Lake is beautiful. The Great Wall is strong."套入自己熟悉的歌曲中，如 *Happy New Year* 等，进行演唱比赛，通过同学的评价评出优胜者。在这样的评价中，教师和学生都是评委，是兴致高涨的演唱者和聆听者，而不是高高在上、一味说教的教师和机械听讲的学生，没有记忆的困难，也没有兴趣的挫伤。学生在轻松愉快地歌唱时，无意识地吸取和巩固新的知识；教师在歌曲所创造的特殊情境下，拓宽学生的知识面，既挖掘了学生的音乐潜能，又培养了学生的英语学习能力。

二、用正确的发展观评价学生

依据《英语课程标准》，英语课程应该从提高学生综合语言运用能力入手，不但要逐步提高学生的语言实际运用能力，还要教给学生科学探究的方法，磨砺其意志，陶冶其情操，开阔其视野，丰富其生活经历，开发其思维能力，发展其个性，提高其人文素养，培养他们的实践能力和创新能力。

（一）评价必须有利于激发学生的兴趣，才能更好地培养学生的学习能力

兴趣是学生提高综合语言运用能力的基础，是他们持续学习英语的原动力。教师要注意保护、激发学生的兴趣，帮助他们建立自信心。笔者的一个学生喜欢在课后用"三明治英语"与笔者交谈，笔者不仅及时表扬，还鼓励他继续努力。有的学生喜欢表演英语话剧，笔者鼓励他加入社团排练，并且随时提供帮助。有些学生喜欢写作，笔者提供书籍，进行指导，并及时评改。每节英语课的Role Play环节，许多爱说、爱唱、爱跳的学生都把小手举得高高的，总是担心没有叫到自己。他们自行设计动作并大胆演示，大多数学生都获得了成功。也有出现问题甚至失败的学生，但笔者在课堂上同样给予他们高度评价，肯定他们参与活动的积极性，课后再和他们一起查找失败的原因。在活动的评价中，保护了学生的积极性，为培养学生的学习能力打下基础。

（二）评价必须有利于学生互动合作、培养自主学习能力

每个学期，笔者会进行个性化分组。每5位学生为一组，对性别比例、兴趣指向、成绩水平、性格特点、交往意愿、语言能力、组织能力及守纪状况等方面进行综合考虑，组成一个组内异质又相互依赖的互助团体。每周进行一次竞赛评价，大家在与其他小组的竞赛中为自己的小组赢取分数，培养了团队意识。笔者在教学中常利用比一比活动，看哪个学生在比赛中获胜次数最多。各小组长做好记录并汇报，然后师生结合各组情况进行综合评价，评出优胜小组、优胜个人。很明显，学生在小组学习中充分发挥了自己的特长及合作能力，培养了自主学习能力。

三、用新的教育评价观评价学生

依据《英语课程标准》，学生是学习的主体和评价的主体，在各类评价活动中，学生都是积极的参与者和合作者。在评价方面，学生的主体性首先反映在评价理念和评价模式中。评价根据目的、作用和特点的不同可以分成形成性评价、终结性评价，测试性评价、非测试性评价，课堂教学中的评价、大规模客观性评价，等等。小学阶段英语教学评价的主要目的是激发学生的学习兴趣和积极性，应以形成性评价为主，以学生平时参与各种教学活动的表现和合作能力为主要依据；应有利于学生认识自我、树立自信；应有助于学生反思和调控自己的学习，学会分析自己的成绩与不足，明确努力的方向，从而促进综合语言运用能力的不断发展。

（一）鼓励学生互教互学

陶行知先生说得好，"只要把儿童解放出来，小孩能办大事"。在课堂上，笔者采用师生角色互换的教学方式，尽可能把时间和空间留给学生，在学习过程中凡是学生能动口、能动手、能归纳总结的，笔者绝不干涉。笔者尽可能把教学内容生活交际化，以保证课堂教学交际化，开展师生之间的多向交际，将单一的T→Ss 教学模式转换为T→Ss、T→S、Ss→T、S→T、S→Ss、S→S、Ss→S、Ss→Ss式的立体的、多方位的、网络式的课堂交互式教学模式，让课堂成为学生运用英语进行交际的场所，成为锻炼听、说、读、写能力的场所。这样就为笔者多方面评价学生创造了条件。

（二）创设评价机会激励学生

课堂时间非常有限，为了给学生创造更多评价机会，笔者借助于学校的英语社团活动，如英语角、英语手抄报、趣味英语秀、英语趣配音等活动，由教师、同学、家长进行评价，并让学生进行展示。笔者还为学生建立个人学习档案夹，收藏学生的个人学业基础档案，学习行为记录，满意的书面作业样本，教师、家长、同学的评语，个人对学习习惯、学习态度、学习方法与学习效果的反思与评价，等等，多方面反映评价效果，激励学生前行。

总之，学科素养的培养任务对每一位英语教师提出了更高的教育教学要求。在教学中，教师不但要树立科学的"学生观""发展观"和"教育评价观"，通过多样化、多元化的评价，使学生在英语学习过程中不断体验进步与成功，认识自我，建立自信，更好地发展综合运用语言的能力，更要培养学生用英语学科的知识健康生活的能力。

参考文献

［1］王文斌,徐浩.2015中国外语教育年度报告［M］.北京：外语教学与研究出版社，2016.

［2］吴效锋.新课程怎样教［M］.沈阳：沈阳出版社，2003.

［3］中华人民共和国教育部.义务教育英语课程标准（2011年版）［M］.北京：北京师范大学出版社，2012.

简析视频分析工具在小学英语课堂观察中的应用

视频分析工具在小学英语课堂中能够详细地记录课堂教学的实际情境，在具体的分析过程中可以根据相应的教学片段进行循环播放与观察，能够形成比较统一的评价，有助于加强教师的自我反思。

一、相关概念介绍

（一）视频分析工具

视频是记录、处理并储存实际发生的事件的一种媒体形式。把课堂上比较复杂的动态教学过程以视频的形式保存下来，可以观察、检测、评估及回顾教学的过程，并在此基础上进行分析。视频分析有助于教师进行自我反思，可以为教师提供清晰的证据和资料，可以保证教师的反思具有更强的真实性和深刻意义。视频分析工具通过采用结构化的程序，对视频进行切片、编码、制作标签、研究与评价，操作简单，且便于用户分析和反馈，实用性较强。借助视频分析工具分析课堂的实际情况，教师能够更加有效地利用课堂实录，有着更清晰的目标，有助于强化教师的使用积极性及加大反思的深度。

（二）课堂观察

课堂观察指的是观察人员或者研究人员带着比较明确的问题和目的，通过眼睛、耳朵等感官或者一些其他的辅助设备，比如录像机、收音机等，观察并分析课堂的实际情境，通过深入的观察和研究来制定相应的决策，通过课堂观察，对课堂的情境做出准确的分析，并以此为依据评估教师的教学，并对教师进行指导和培训的方法。课堂观察属于培训教师的一种方法，实现了教学理论和实践的有机结合，以教师的实践为研究的出发点，有针对性地指导教师在实际教学活动中的行为和提高教学水平，有助于教师自我反思，促进教师的专业发展。

二、分析的过程

（一）课堂分析研究的对象

本研究对茂名市愉园小学一年级的英语复习课——一年级《英语》下册第8单元Shapes进行录制和分析。上课时间为40分钟，班级中的学生人数为50人，教师选择常规的讲课方法，评价具有一定的代表性。任课教师的教龄在2—7年之间。本研究使用视频分析工具Media Notes采集课堂信息，并进行分类和整合。

（二）在课前的会议上明确观察点

在正式上课之前，组织观察人员和被观察人员举行教学研讨会，由执教教师阐述教学的主要内容、学生们的基本情况、教学内容的重点和难点、教学的创新点、容易引发困惑的点及目标检验等内容；由观察人员负责提问被观察人员，并展开群体讨论，分析教学内容具有哪些特点，研究并探讨课堂的观察点，由双方共同商定观察的任务和观察点。

教学的内容是第8单元Shapes，教学的任务是让学生回顾在这个单元中学到的图形的形状，并在此基础上进行扩展。教学的对象是小学一年级的学生，由于年龄特点，这个阶段的儿童课堂活跃度较高，但是他们的抽象思维水平不高，很容易出现注意力分散的情况。任课教师需要积极地转变教学的方式，并创新教学活动，保证牢牢吸引小学生们的注意力。结合实际的教学内容和教师、学生的基本特点，本研究最终确立了分析的维度：课程的性质及落实情况，预设教学的活动情况。

（三）课堂实录的分析评价

此次教学活动在该校的实验室进行，这个实验室分为两部分，一部分是教学区，另一部分是观察区。这两个区域之间采用特殊的技术实现分离，观察区的人能够通过观察来获取教学区的所有信息，而处在教学区的人不会察觉到观察区的人。在教学区设有四个摄像头，可以从多个角度完成信息采集工作。多路视频共同组成一个统一的记录，能够真实流畅地还原教学的实际情境。摄像的设备完美地融合在教学环境当中，不会给课堂教学带来干扰，课堂教学的实录具有比较强的真实性和可靠性。

回放课堂实录，围绕着教学的内容展开分析，我们初步可以发现，按照时间的进程分析，教学的活动流程是先让学生唱《图形歌》，然后对图形进行命名，用肢体语言比画图形，组合图形，之后猜图形，接着分解找图形，最后组图找图形。按照教学活动分析，教学的活动形式主要包括以下几种：师生问答、小组合作、猜谜语、做游戏、手工操作、角色扮演、热身操等。我们把课堂的实录上传到Media Notes中，并利用视频分析工具仔细地标注视频，开展深入的课堂研究。具体的步骤如下：按照课堂活动的步骤进行视频切片，并分别对其进行命名。用不同的颜色代表不同的标签，标签的不同意味着教学活动的不同。

经过切片处理的各个教学片段对应着不同的教学环节，视频分析工具可以实现任意一个教学环节的反复播放。教研团队可以利用视频分析工具有选择性地观看各个教学环节，并做出准确的评论。不仅如此，视频分析工具还支持多人在线评论、协同教研。视频分析系统会利用不同的颜色展示各个教师的评价。

除了上述功能，视频分析工具还能够提取各种数据，整合教学环节中的评论，实现质性分析与量化分析的有机融合，提取课堂中的优秀及不良知识结构。

三、视频分析工具在小学英语课堂观察中的应用效果

本研究以课堂观察的原则为基础，组织相关教研人员借助视频分析工具开展课堂观察。质性分析及量化分析课堂教学的实际情况，对教师的反思和专业发展有积极的促进作用，主要体现在以下三个方面。

（一）摄录课堂教学过程，为质性分析提供材料

课堂中教学事件的发生往往只在一瞬间。与课堂现场听课不同，通过视频分析，可以随意地回放任何一个教学过程，深入发掘课堂中的信息；可以在反复观看中研究任课教师的语言、体态，学生的学习情况及课堂教学的氛围。课堂教学视频的分析，可以提升课堂观察的有效性。

（二）还原真实的教学过程，优化合作教研的环境

与传统的通过听课评价教学的形式明显不同，在传统的评价活动中，课堂评价的材料主要是回忆，任课教师很难接受这样的评价意见，无法实现真正意义上的教师的反思。而通过使用视频分析工具，我们就可以把相关的视频作为评价的依据，加强教研团队的研究，能够在一定程度上实现自我评价与他人评价的一致性，进而令教师形成认知冲突。笔者经过实践发现，视频分析工具的使用可以促进任课教师积极探寻教学方式的变化。亲眼观察到实际的课堂情况后，就可以深入认识教学的实际需求，了解到需要不断地改善教学的模式和方法。广大教师纷纷表示团队的学习和研究能够极大地发挥时效性和关联性，可以更好地帮助自身明确教学中的不足，探寻更加有效的方法。

（三）过程分析的系统化，分析结果的可视化

仅仅使用视频对课堂进行分析，教师往往会像无头苍蝇一样摸不着头脑，无法明确研究的思维和途径。视频分析工具为课堂观察构建了清晰明了的框架，能够帮助教师制订更加明确的研究目标，令课堂评价的框架更加清晰，评价的结果更加准确而具体。除此之外，视频分析工具还可以提取标注的数据，把提取的数据通过图表的形式整合起来，达到分析结果的可视化目标，更加清楚地展现课堂教学的特点，加深教师对课堂的认识。但值得注意的是，本次研究中所选择的Media Notes是一种英文版的单机视频分析工具，它在跨平台合作及汉语的输入这两个方面的功能并不完善，使用的范围具有一定的局限性，只适合较高英语水平的教研团队或英语教学团队使用。由此可以看出，视频分析软件在未来需要进一步完善跨平台功能及汉化功能，以此来扩大使用的范围，进一步提升课堂观察的有效性。

四、结束语

综上所述，教研工作者利用视频分析工具分析课堂的实际情况，有助于强化教师的使用积极性及加大反思的深度，实现了教学理论和实践的有机结合，可以有针对性地对任课教师的行为进行指导。但是目前视频分析工具的功能并不完善，还需要进一步优化，以充分发挥课堂观察的积极作用，实现教师更好的专业发展。

参考文献

［1］黄敏锐.现代信息技术下的小学英语课堂观察的现状与成因研究［J］.
科学大众（科学教育），2019（01）.

［2］薛张盛.基于视频分析的中英课堂教学比较研究［D］.上海：华东师范
大学，2018.

［3］郑东生，连珂.影响视频资源应用效能的技术原因和未来研究方向
［J］.河北公安警察职业学院学报，2016，16（02）.

［4］刘晓纳，王咸伟.视频分析工具在小学英语课堂观察中的应用研究
［J］.软件导刊（教育技术），2015，14（11）.

开放式英语教学模式探索

开放式英语教学模式是在素质教育主导下的以学生为主体、由课内向课外辐射的英语教与学的方式。它是以我国的英语教育目标及发展趋势为指导，以《义务教育英语课程标准（2011年版）》为依据，针对传统的"填鸭式"教学提出来的一种创新教学模式。它从我国发展的需要出发，以学生认知的知识规律和内在需求为基础，以学生发展主体能力为目标，让学生的身心健康发展，培养其创新思维。

一、开放式英语教学模式的主要因素

（一）教学目标的开放

在开放式英语教学模式中，教学目标不再受"书本中心"的束缚，而是知识、智能与创造的完美结合。目标的范围也由以往的认知目标扩展到技能目标、能力目标、情感目标、德育目标、科学目标等领域。它注重学生的个性心理品质的培养，注重学生智力的开发，注重学生能力的提高，强调学生创新意识、创新精神、创新能力的培养。

（二）教学环境的开放

在开放式英语教学模式中，教学环境不再拘泥于"课堂"，不再局限于中国师生之间的教与学。英语教学环境从课堂认知到课外交流，从同学之间的交谈到与外籍人员的交际，从书本教学到网络运用，从课桌的摆设到课堂环境的布置，都可根据教学内容的需要而改变。只要是能适应全体学生灵活主动发展的环境，都是开放式英语教学模式的良田沃土。

（三）教学内容的开放

在开放式英语教学模式中，教学内容不拘泥于教科书，摆脱书本的束缚。从纵向来说，教学内容要结合大量的社会实践，把现实生活中的素材融入教学中，尽量引导学生用英语进行思维，培养创新意识。从横向来说，英语的教学内容可从相连的各学科、各层次切入，结合多方面的知识，拓展学生的思维，发挥他们的想象力。

（四）学习形式的开放

开放式英语教学模式在学习方法上，让学生充分发挥了眼、口、耳、手、脑的功能，做到了看中学、听中说、想中用、练中用。在空间上，学生可在小组内学，在小组外学，在教室里学，在图书馆学，在运动场学，在家里学，等等。在手段上，学生可充分借助图片、录音、录像、电脑等可利用的工具，自由选择，各尽所能，各取所需，各择其利。在方式上，学生可自学、商讨、辩论、竞争、协作等。

（五）评估方式的开放

在开放式英语教学模式中，评价内容可由记忆评价转为理解评价，由知识评价转为全面素质评价；评价方法由单一的书面评价转为形成性等级评价，由单一的书面考试评价转为考试、考核、考查相结合，口试、笔试相结合，开卷、闭卷相结合的全方位并举的评价机制，由重视教学结果转为重视教学过程，由重视答案的统一性转为重视结论的创造性。

二、开放式英语教学模式的教学流程

（一）趣味引入，明确目标

在开放式英语教学模式中，引入课题的方法有很多，如谈话引入、讲故事引入、课文表演引入、猜谜语引入、相关的图片引入、观看VCD引入等。在教授句型"Can you...?"时，根据学生的心理特点和该课的教学内容，笔者结合CAI课件给学生讲了一个故事：A bird is sitting in a tree. There's a piece of meat in her mouth. A fox is coming. He wants to eat the meat.Then he says to the bird, "Hello, Miss Bird. How are you?" The bird looks at the fox, but doesn't answer. The fox says again, "Miss Bird, can you walk?" The bird doesn't answer, either. "Oh, no, you can't.

Can you sing?" The bird still keeps quiet. "Oh, no, you can't," the fox says again. "Can you fly? Oh, I'm sorry. You can't." "Of course..." When the bird opens her mouth, the meat falls down. "Thank you, Miss Bird," says the fox and runs away with the meat. 当学生听完故事后，笔者问："狐狸想吃小鸟嘴里的肉时想些什么方法，是如何说的，用英语怎么说？"很自然地，笔者通过学生的回答，实现了该课的教学目标。

（二）创设情境，主体参与

创设情境主要是先通过实物演示情境、图像再现情境、音乐渲染情境，接着用语言描述情境，再通过表演体会情境，最后在生活中展现情境来实现的。而在主体参与学习的过程中，教师先让学生围绕学习目标进行尝试求知、准备质疑，然后分组进行讨论、交流，提出看法，最后全班汇集看法，深入讨论，理解新的知识。如在教授Shopping这课时，笔者借助多媒体创设繁华的商业街道背景，把教室布置成一个商品琳琅满目的步行街，学生在这个充满现实气息的模拟环境中学习，从讨论某样商品的价格到讨论其样式，从讨论其品质的优良与否到讨论其使用的价值大小，兴趣盎然地进行交流。

（三）进行训练，讲求实效

在开放式英语教学模式中，教师可采取"听一听，说一说，读一读，写一写，画一画，做一做"的训练方式，但要讲求"一题多变，一课多得，举一反三"的实际效果及纵横交错的操练。如在教授Seeing a doctor这课时，笔者采用小品的形式，让学生把教学内容融入表演中去，根据已掌握的知识联系自己的实际情况，尽情发挥，不是局限于课本教学内容，而是让学生在演中学，看中学，听中学，评中学。又如教授The Great Green Wall这课时，笔者从相关的地理知识"水土流失，造林绿化"等方面切入，通过教学，引导学生讨论"为什么我国在1998年洪灾过后，要采取强硬措施进行退耕还林"，并以"退耕还林利大于弊，还是弊大于利"为辩论题，让学生分组进行辩论，然后进行汇总、点评。

（四）情境再现，评估总结

在主体参与的交际中，教师结合教学内容，用灵活的方式再现情境，然后由学生小结，教师评估、总结。在给Standing Room Only这课做小结时，笔者先利用多媒体呈现世界人口发展状况的科普影片片段，再引导学生进行分组复述课文竞赛，并事先选出几名学生当评委，根据各竞赛小组对课文内容的掌握程度、语音、语调及表情等要点进行评分；最后由学生评委进行点评，笔者再对该课的语言点进行总结。

三、开放式英语教学模式的实施原则

（一）科学性原则

教学是一种规范性行为，规定了教学活动必须遵循某些客观的准则，因此，教学的科学性必然成为教学的基本特征。教学的科学性要求教师的教学态度和运用的方法必须是科学的，强调学生要具有科学的探究精神和能力。

（二）知识和能力相统一原则

在教学中，学生掌握知识是发展认识能力的基础，而发展能力也能促进知识的掌握。在教学中，教师有目的、有计划地启发、刺激学生的创造性思维，使之获得运用创造性思维的能力，真正实现教学目标，让学生达到知能统一。

（三）自主与合作相结合原则

古人云，独学而无友，则孤陋而寡闻。学习是一种自主的行为，以学生主体参与探索、亲身体验为主要方式。但学生的性格各异，个人的实践活动能力也不一样，只有紧密合作，积极切磋交流，才能相得益彰，更好地培养交际能力，塑造良好的人格形象。

（四）民主性和严格要求相结合原则

民主性是指师生之间要建立民主、平等的关系，在教学过程中双方要密切配合，充分发挥各自的功能，对学生产生积极的教育作用。坚持民主性可增强学生的自主意识，有助于创造性思维的发展。严格要求是使教学规范化、保证教学秩序的基本要求，能使教师更好地完成教学任务。开放式的英语教学既要在教学民主中体现严格要求，又要在严格要求中保证教学民主，这样才能创设一个有利于学生全面发展、自主性得到充分发挥的良好学习环境。

开放式英语教学模式有利于营造一个轻松而富有活力的教学氛围，有利于学生创新意志品质的形成。它能充分发掘学生的内在潜能，使之主动积极地参与学习，培养丰富的想象力和创造力，使语言学习过程真正成为学生形成积极的情感态度、主动思维，增强跨文化意识和形成自主学习能力的过程，有效地提高学生的语言应用能力和思维的快速反应能力，全面提高学生的整体素质。

参考文献

［1］中华人民共和国教育部.义务教育英语课程标准（2011年版）［M］.北京：北京师范大学出版社，2012.

［2］Jill Hadfield.牛津英语教师宝库［M］.上海：华东师范大学出版社，1998.

［3］朱正义.中小学实用教学模式［R］.抚顺市教育研究中心，1997.

开心学英语

——主体参与型教学模式初探

作为一种语言，英语已越来越普及，尤其是在信息高速公路上更有着不可替代的地位。随着经济的发展，英语已逐步进入中国人的日常生活中，学习英语、掌握英语已成为不可逆转的趋势。

学习英语没有捷径可走，它需要我们脚踏实地，一步一个脚印地学。但我们可以开心地学——教师创设轻松愉快的教学情境，在和谐、融洽的气氛中让学生开心地学。这样能有效地调动学生的积极性，激发学生的求知欲，达到教学目的。

一、教师素质是学生开心学英语的首要条件

好教师是教学的关键。学生作为教学的主体，想要开心地学英语，就需要高素质的教师。一个好英语教师除了应具备扎实的听、说、读、写能力，丰富的英语文化背景知识，相应的教育心理学知识，良好的师德，与学生打成一片的亲和力及较强的教学组织能力，还应具备各科的综合能力，多才多艺，这样才能把课堂化为一个丰富多彩的舞台，充分发挥学生的智力因素和非智力因素。

二、学习兴趣是学生开心学英语的实施条件

兴趣是人类学习某种语言或爱好某种活动的倾向。孔子云："知之者不如好之者，好之者不如乐之者。"爱因斯坦也说："兴趣是最好的老师。"兴趣是学生主动参与教学的敲门砖，教师应把教学的自主权交还给学生，并想方设

法激发学生学习的兴趣，让学生自动参与到英语教学中。

三、鲜活的教学模式是学生开心学英语的有效途径

（一）开心地听英语

听英语的形式多种多样，不一定要一本正经地坐在那里，注意力特别集中地听。教师可以创造机会，让学生把听英语作为一种享受，开心地听。如利用录音机来听课文录音时，学生可以边听边跟读边做律动动作；利用电脑、电视机、教学平台等设备时，学生可以欣赏英语歌曲、英语新闻、英语卡通片等；当图文并茂、声色俱全的英语出现在学生面前时，他们的兴趣会特别高，因为不但他们的耳朵听到了英语，他们的眼睛还看到了英语，他们的嘴巴还说了英语，他们的大脑也理解了英语。

在教学中，笔者尽可能地把教材内容制成CAI，充分运用现代教学手段，调动学生的各种感官，提高其兴趣，使学生不仅能在愉悦的情境中开心地听，还能在不知不觉中学到英语。笔者的做法是：首先，学生看没有声音的卡通材料，根据卡通人物的口型来猜英语；其次，学生观看有声音的卡通材料，留心听其所讲的英语，并在心中默读；最后，学生辨别读音，跟读，有能力的学生进行模仿表演。在课后，笔者常常会听到学生惟妙惟肖地模仿录音材料内容说英语。

（二）开心地说英语

书是音符，语言是歌。满怀信心地开口说英语是一件无比开心的事情。难道在众人面前流畅地说英语不是一件非常得意的事情吗？学生学英语就是为了能用英语进行交际，用英语与别人交谈。作为一名中国学生，自己能随心所欲地用英语与别人交流，多自豪啊！

可是，怎样才能让学生开心说并说好英语呢？

笔者的做法是：创设情境，激发兴趣，让学生大胆开口说。

1. 课前对话

教师与学生说；学生与学生说；全班学生每节课前轮流值日，根据所学英语就周围环境、天气情况、学习成绩、同学衣着、学习用具等进行对话，由于

是自己熟悉的东西，学生兴趣高，理解快，印象深，说得也开心。

2. 鹦鹉学舌

学生先听教师说，再模仿教师说，接着同学之间互相说，然后在非常熟悉所学内容的基础上进行表演。

3. 辨口型竞说

先是教师出声说英语，学生跟说，逐步发展到教师只是做出口型而不出声，学生通过观察教师的口型辨别教师所说的英语，并竞相说出。说对的，同学们鼓掌给予鼓励。因为有了竞争，又有同学们的鼓励，且带有猜谜性质，所以学生的兴趣浓，学起来也开心。

4. 循环练说

设计开放的口语交际题材，启发学生多思多说。进行教学时，教师先与一个学生示范对话，然后由该学生模仿教师的语气向其他同学提问。依此类推，逐一循环，每个学生都有说的机会。如教师说："Hello, ××. How are you? What's the weather like today? Do you like watching TV? What program do you like watching? What's on TV tonight? ..."该学生回答完可以仿照教师的方法提问别的同学。对自己熟悉、喜欢的话题，学生是最感兴趣的。

5. 歌曲仿唱

歌曲是引起兴趣的事物之一。在音乐声中，学生不存在任何记忆的困难，也不存在任何兴趣的挫伤。学生可以完全沉浸在轻松愉快的歌曲里，无意识地吸取新的知识。教师把学生要掌握的主要教学内容套入学生所熟悉的歌曲旋律中，无须刻意地教授，也不必让学生枯燥地操练，就可以在歌曲所创造的特殊情境中拓宽学生的知识面，巩固所学知识，从而达到让学生开心说英语的目的。

6. 情境交际

能够把所学的英语表演出来，也是学生感兴趣的一件事。教师要利用实物创设语境，让学生开心地说英语。在教授Shopping一课时，笔者事先让学生准备好相关的物品，讲完该课，让学生进行表演。学生在辩论物品质量、颜色、款式、价格的过程中，兴趣盎然地学习了英语。

为了能说得更好，让别人理解得更快，学生在说英语时要注意以下几点：

（1）学说英语时不必追求完美无误。

英语口语是非常灵活、干脆、流畅的，在说的时候不必拘泥于书面语的严谨、刻板，要敢于开口说，大胆说，尽量做到自然、地道。我国外语界前辈邓炎昌先生就曾告诫我们：要是硬把书面语言搬到嘴上，一开口就像书本一样，准会闹出大笑话来。

（2）要熟悉所说的英语。

要流利、准确地说出英语，就要熟读、熟记所说的内容，单词也好，短语也好，句子也好，课文也好，要下一番苦功，弄到熟为止，这样才可以水到渠成，自然而然地说英语。

（3）要常说，多说。

学英语是一种语言实践活动，必须每天抽出一点时间来说，坚持说，持之以恒，才能达到脱口而出、出口成章的效果。

（三）开心地读英语

读英语主要是朗读和阅读英语。朗读英语只有投入感情才有意义，要求教师对学生进行引导，对他们的朗读方法做出指导，调整好他们的语音、语调、语速和语感，对所读英语有正确的理解，并付出自己的感情。只有流畅地朗读英语，学生才会对所说的英语感兴趣，才能开心地读。而阅读英语需要教师选择趣味性强、与学生知识能力相当的阅读材料，使学生在阅读过程中能与作者一起感悟各种酸甜苦辣，当学生品出所读内容的味道时，就是真正读懂了英语。

（四）开心地写英语

写英语就是用英语进行思考并下笔成文。写英语对学生来说是一件苦差事，他们或许愿意听、说、读，但就是不愿意写。那么教师就应该让写成为一种享受，让学生心情愉悦地写。在教学中，教师可采取循序渐进的方法，让学生开心地写。教授新内容时，可以让学生先书空，再仿写，接着造句，最后成文。每个教学班可以成立一个英语小报社，把平时学生的优秀作文刊登在小报上；在条件许可的情况下还可以把他们的作品发表在报纸、杂志上，让学生领略成功的喜悦，从而心甘情愿地写英语。

在教学中，英语的"听、说、读、写"四种能力是相辅相成、相互关联、相互作用的，我们教学时不可把它们分开，要在不同的教学阶段侧重于不同的能力培养。

四、主体参与型教学模式的初步实施效果

主体参与型教学模式发挥了教学的主体——学生的学习主动性、创造性，充分挖掘了学生的非智力因素，激发了学生的学习积极性，全面提高其英语素质。

主体参与型教学模式活跃了课堂气氛，减少学生的心理负担，让每个学生享受到成功的喜悦。

主体参与型教学模式提高了工作效率，解放了教师，体现出教师的主导作用，并让学生真正成为教学的主体，让课堂成为真正的学堂。

主体参与型教学模式让学生主动参与到教学中来，开心地学英语，是英语教学的主要趋势。学生开心地听、说、读、写，也是英语教师在教学中的追求。只要我们在正确的教学思想指导下提高自身素质，把主体参与型教学模式融入我们的课堂，我们的学生就能在自己的位置上找到自信，成功地掌握英语！

让英语课堂活起来

根据《义务教育英语课程标准（2011年版）》，在小学阶段，学生能在教师的帮助下表演小故事或小短剧，演唱简单的英语歌曲和歌谣，等等。所以，在小学英语教学中，课堂教学一定要活。在教学中，教师选取的话题应是小学生所熟悉的、喜爱的，还要接近生活，符合小孩子的口味。另外，教学内容要口语化，要让活动、歌曲、童谣始终贯穿整个课堂教学，辅助教学。这样，学生学起来得心应手，能最大限度地激发学习兴趣。

一、让教材内容活起来

好奇、爱动是小学生的天性，教师应采用各种教学手段，让教材的内容活起来，迎合小学生的爱好和心理特点。

（一）游戏

游戏能激发学生的学习兴趣，培养学生的主动参与能力、合作意识及应变能力。

在教学中常运用游戏，能达到事半功倍的效果。在教授What time is it? 这课时，笔者把教学内容融入游戏中，上课时，以游戏形式和学生一起复习数字1—10，引出新课。具体做法是：在第一轮活动中，笔者把球抛给学生A，说one；学生A把球抛给学生B，说two；学生B把球抛给学生C，说three；依此类推，一直说到ten后又重新开始，全班学生都复习了数字1—10，然后在此基础上教授eleven（11）和twelve（12）。第二轮，笔者要求学生在每个数字的后面加上o'clock，在抛球后说one o'clock、two o'clock等，而不是one、two，一直说到twelve o'clock后再重新开始，每人一次。第三轮游戏中，学生要说的是

句子 "It's one o'clock." " It's twelve o'clock.",而不是单词或短语。在学生说句型前,笔者都问一句:"What time is it?" 当成绩较好的学生能说该句型后,可换学生来当老师。三轮游戏活动下来,在轻松愉快的教学环境中,学生不知不觉地学习了新词组 one o'clock 至 twelve o'clock,以及新句型 "What time is it?",然后笔者出示模型钟,跟学生一起做 Activity 1,让学生理解单词 o'clock 及句型 "What time is it?" 的意思。顺理成章,由此引出句型 "Is it nine o'clock?" 及其肯定与否定回答的教学。接下来进行巩固练习 (Practice 1)。最后学唱歌曲 What Time Is It? 来巩固本课时的教学内容并结束新课。在本课时的教学中,因为教材内容被激活了,所以学生始终处于亢奋、开心的状态,不觉得是在学习新课,一点儿累的感觉都没有。

(二)故事

不同的教学内容采取不同的教学手段,除了游戏活动,故事同样是引发学生兴趣的事物,也能很好地激活教学内容。在教授句型 "How old are you?" 时,笔者给学生讲了一个故事:Little Cat, Little Dog, Little Cow and Little Rabbit want to go to school. They go to school to ask the headmaster, Big Goat. Big Goat asks, "How old are you, Little Cat?" "I'm three," Little Cat says. "I'm sorry. You can't go to school. How old are you, Little Dog?" " I'm four," Little Dog answers. "I'm sorry. You can't go to school. How old are you, Little Cow?" "I'm six." "How old are you, Little Rabbit?" "I'm six, too." "OK, you can go to school." 在学生听完故事后,笔者问学生:"山羊校长在审查入学学生时,主要用英语问了一句什么话?小猫、小狗、小牛和小兔是如何用英语回答的?"在学生做出回答后,笔者趁机用 "How old are you?" 与学生进行对话练习,并逐步转到学生与学生的练习。然后再通过表格对学生年龄进行调查,从而巩固了 "How old are you?" 这一句型,达到教学目的。

(三)动画片

没有一个小孩不喜欢看动画片,动画片能充分调动学生的视、听、说、演的积极性,更大地激发学生学习英语的兴趣。教授 What do you like? 这课时,笔者首先让学生观看一部动画片:在一个有水、有树、有花、有草的山坡上,Gogo、Tony、Jenny 正在野餐,他们有说有笑。但是,他们在说些什么呢?笔者没有放声音，学生只能看动画片来自己猜测。第二次观看时，配上各个人物的声音：I like juice. What do you like? I like cake. What do you like?... 由于有了前面的推敲，再次观看时，学生就会不由自主地跟着说英语。最后，笔者由该动画片引出课文教学；学生在此基础上辨音、跟读，并很顺利地进行了表演。

（四）歌曲、童谣

在习得语言的过程中，小学生对有韵律、节奏感强的事物兴趣大，投入快。在教学中利用歌曲、童谣来达到教学目的是较好的途径之一。教师可利用歌曲、童谣创设特殊的语言情境，激活教材，拓展知识，让学生在轻松愉快的旋律中巩固知识，吸取知识，从而达到开心说英语的目的。

在教授人体器官名词时，笔者把这些单词套入《两只老虎》的歌曲旋律中：I have two eyes. I have two ears, one little mouth, one little nose. Put them together. Put them together. One little face. One little face. 这样，学生不但学习了歌曲，还掌握了要学习的内容：eyes、ears、mouth、nose、face。同样的歌曲旋律，我们还可以放在另一个教学内容中：Are you happy? Are you happy? Yes, I am. Yes, I am. Are they happy? Are they happy? Yes, they are. Yes, they are.

在英语教学中，激活教学内容的方法还有很多，只要我们根据教学内容多动脑筋、多想办法，就可以让我们的课堂活起来。

二、让学生动起来

学生是学习的主体，是一切教学活动的接受者，而小学生集中注意力的时间很短，所以，我们在教学中要让学生动起来，尽量使课堂气氛活跃，通过各种行之有效的手段，让学生爱学、爱说英语，而且学好、说好英语。

英语中有句谚语是：No money, no talk. 而在教学中我们要说的是：No activities, no English class. 课堂活动是激发学生兴趣的主要手段，在教学中，我们要通过交际性语言活动提高学生灵活运用语言的能力。

（一）用猜谜开展活动

教师准备一些实物放在一个袋子里（每次放一个实物），叫一个学生上讲台摸实物。教师问："What's this?" 让学生回答。如果学生回答正确，全班学生鼓掌表扬，然后再换一个实物继续进行。

（二）用传话开展活动

教师将学生分成四组，分别轻声对每组的第一个学生说一个句子，然后说："Go." 每组的第一个学生把话传给第二个学生。学生一个接一个往下传，最后一个学生用所听到的句子问教师，以检查是否正确。

（三）用"滚雪球"开展活动

教师说一个单词（book），第一个学生说两个单词（book, pen），第二个学生说三个单词（book, pen, eraser），依此类推，学生一直往下说，不能重复别人说过的单词，如果重复了别人的单词，该生出局，游戏重新开始。

（四）用抢椅子开展活动

教师让学生围圈坐好，拿走一张椅子，使椅子数比学生数少。播放音乐，学生绕着椅子转圈。音乐停，学生找椅子坐好。没有椅子的学生出局，并且要回答教师的一个问题。然后游戏继续。

（五）用单词卡开展活动

每个学生准备九张单词卡，按三张一行摆好，有单词的那面朝下，教师说出卡片上的任意一个单词，学生将该卡翻转，只要学生翻对了三张，就说 Bingo，并读出卡片上的单词。如果全对，该生胜出。

三、让评价活起来

这里所说的评价不仅是期末的总结性评价，还包含平时的课堂评价。评价不再只是教师一个人的事，而是全班学生的事，一项让大家活跃的任务。

（一）课堂评价

在教学过程中，评价无时无刻不存在于我们的课堂中。当学生说对了一个单词时，当学生读准了一个句子时，当一名学困生答对了问题时，我们都要对学生进行评价。如"Good." "Very good." "Well done." "Excellent." "You are quite good." 等表扬语，或一阵掌声，等等，都是教师对学生的肯定，是一颗激励学生学习英语的定心丸。

（二）期末评价

在教学实践过程中，笔者对学生采取的是形成性评价，即自评—互评—师评。自评：给出图片、单词、句型，让学生找找看，以检测自己听、说、读、写会了多少，列表写出自己的成绩。互评：给出一个谈话主题，学生2—4人组成一个小组就话题进行讨论，编排成对话表演出来，由其他组的同学进行评价。师评：教师通过师生之间的自由谈话及完成规定内容的测试情况来评定。通过这样三合一的手段综合评价一个学生一个学期掌握英语的程度，比较公正而不会打消学生的积极性，为其今后学习英语奠定基础。

　　小学生天性好动，好奇心强，在英语课堂中运用灵活多变的教学方法和教学活动，能激发他们的兴趣，增强他们的好奇心，真正使他们在生动、活泼、愉悦的环境中进行听、说、读、写，培养其运用英语进行初步交际的能力。

适切教研视角下的小学英语绘本阅读教学探索

随着《国家中长期教育改革和发展规划纲要（2010—2020年）》的颁布、实施，在以人才发展工作为社会发展的核心要素的今天，高素质人才的培养有赖于教育质量的提高，教育质量的提高有赖于教师素质的提高，教师的高素质有赖于教师的专业发展。而当前国际语言教学界的基本共识是，在坚持交际语言教学时代的基本理念与原则的同时，我们应该因地制宜，创造性地运用各种教学法开展教学。因此，开展适切的课堂教学研究是提升教师专业素质的有效途径之一。

一、适切的绘本阅读教学的意义

课堂是实现教育目标的主要阵地。在基础教育阶段，学生的学习课堂由大约16 800节课构成，因此，教育的发展依赖课堂质量的提升。要提升教育质量就要提升课堂质量，而提升课堂质量的首要任务是提升教师的能力。教师的专业素质需要在学习、工作中反复锻炼、提升，适切的课堂教学途径是发展教师专业素质的重要手段。

"得阅读者得天下"，这句话虽然说得有点夸张，但实实在在地点明了阅读的重要性。我们是英语的非母语国家，在经济欠发达地区，学生习得英语的环境欠缺，习得英语最好的渠道是课堂教学，适切的课堂教学途径就成了重中之重。阅读是学生获取知识的主要渠道，英语绘本阅读则是小学阶段学生习得英语较好的方式之一。

《义务教育英语课程标准（2011年版）》指出，英语课程应提供贴近学生实际、贴近生活、贴近时代的英语学习资源。绘本概念源自日本，原是日本对图画书的统称,现在指以"图"和"文"共同演绎一个故事的书。图画与文字巧妙结合,能激发学生的学习兴趣,帮助学生提升阅读和理解的能力。

英语绘本指用英语来讲述故事的绘本。绘本中,押韵或反复的句型复现率高,能使学生通过大量反复听和读感受英语的发音韵律和语言的整体结构。小学英语绘本阅读教学是指教师利用适切的小学英语绘本材料,用阅读的教学方式来实现课堂教学目标的过程。小学英语绘本阅读教学给以英语为第二语言的学生提供了大量的语言知识、真实生活情境和丰富的词汇,帮助学生提升综合运用语言的能力。

二、适切的小学英语绘本教学材料

在教学中,教材是标准的、重要的,但学生需要的是合适的学习内容,合适比标准更重要。面对相同的教材、有差异的学生,教师不是"教书",而应该是"用书教",让每一个有差异的学生"伸出手来够不到,跳起脚来够得着"。那么,适切的英语绘本阅读材料就显得尤为重要。

(一)适切的英语绘本教材的特点

1. 直观形象,生动有趣

以图画为主要的表达方式,辅以简单的文字来描绘一个浅显易懂、妙趣横生的故事内容,激发学生的阅读兴趣。

2. 语言简洁,句型反复

没有华丽的辞藻和复杂的句型,基本句型在故事里的复现率高,句子基本遵循押韵的原则。这样可使学生更容易掌握英语词句与发音的特性,给学生掌握运用核心句型提供良好的语言支架。

3. 贴近生活,题材积极

绘本的题材贴近生活,贴近自然,传播友情和亲情,赞美良好的道德品质,积极指导学生们成长。

(二)适切的英语绘本教材的作用

1. 补充小学英语教材

就我们现行使用的小学英语教材而言,内容、篇幅是有限的。而英语绘本的资源丰富,国外优质的绘本也越来越多地进入我国,极大地扩大学生的认知范围，提高其认知水平。对于低年级的学生来说，绘本中的图画能很好地激发他们的学习兴趣，并帮助他们更好地理解文本内容。而对于高年级的学生来说，绘本可以成为主要的课外阅读材料，帮助他们更好地整合课文的资源，成为辅助教师阅读教学的重要手段。

2. 提升学生英语阅读能力

英语绘本材料图文结合，能激发小学生的阅读兴趣，推动其阅读能力的提高，尤其是其英语阅读理解能力的提高。它不仅有助于小学生获取整体性的语言输入，更刺激他们深层次的阅读需要。绘本的内容大多是贴近生活的真实体验，容易引起学生共鸣，学生在阅读中自然而然地使用其中的语言来表达自己的真情实感，有效提高学生的综合语言运用能力。而在进行绘本教学的过程中，学生之间的阅读经验分享、阅读成果评比、阅读方法指导等更是让学生提升了阅读能力。

3. 增强学生跨文化交际意识

语言有丰富的文化内涵。在外语教学中，文化是指所学语言国家的历史地理、风土人情、传统习俗、生活方式、行为规范、文化艺术、价值观念等。学生在阅读英语绘本时，可以通过图文领略到不同国家的文化差异，接受全人类先进文化的熏陶，提高中外文化异同的敏感性和鉴别能力。以*How the Grinch Stole Christmas*为例。此绘本讲述了西方人是怎样过圣诞节的，比如怎样布置室内外，吃什么食物，穿什么衣服，讲什么祝福语，等等。通过这个绘本，我们可以引导学生对比中国人过春节时的景象——过春节时，中国人怎么做，吃什么，怎么打扮，等等，既让学生了解到东西方节日的不同，启发学生思考东西方文化的差异，又培养了学生的文化品质。

三、适切的绘本阅读教学措施

教学研究与教师发展是我国教研工作的两大任务，开展与教研背景因素相适切的教研工作，即适切教研，探索适切的小学英语绘本阅读课堂教学，是提升教师专业发展的有效途径之一。

（一）提升教师素养

教师的专业化水平高是有效实施课堂教学的关键，在课程教学实施过程中，教师应不断加深对课程的理解和对课程目标的认识，充分吸收和继承各种好的方法，优化教学方式，提高教学效率，在实践与反思中努力提高自身的专业素养，适应英语教学改革。英语绘本教学可以多方面激发学生学习英语的兴趣，培养学生的学科素养，是一种高效的教学手段。启蒙阶段的小学英语教师有责任、有义务发展自身这方面的专业素养，多层次、多渠道寻求适切的培训机会，比如团队培训、跟岗学习、导师带徒、网络研修、课余自学等，全方位提升专业水平。

（二）活用适切的教材

1. 结合学生实际情况，选择适切的绘本

选择适切的绘本，主要基于三方面：一是学生情况，如年龄特点、心理特征和学段等。二是教材内容，学生理解绘本难度的大小，内容是否源于日常生活。三是正能量传递。

（1）英文版的科普知识对于小学生来说词汇量大，而且深奥、难懂，学起来比较枯燥无味。在探索中，针对四年级的孩子，我们选用了绘本*The Very Hungry Caterpillar*进行尝试。

这个绘本主要讲的是毛毛虫化茧成蝶的故事。从 Sunday、Monday 到 Saturday，它的食物从 one apple、two pears、three plums、four strawberries、five oranges 变为最后的 one leaf。这个故事包含了数字、名词复数等词汇知识，以及毛毛虫的成长周期和最后成蝶的相关知识。要记住这么多的专业科普知识，对一个小学生来说不容易，但通过图文结合的绘本阅读材料，学生理解起来就会轻而易举。

（2）用英语记住各种动物的生活习性，记住火场逃生的相关知识，这对于三年级的小学生来说是非常有难度的。在教授这方面的内容时，我们选用了绘本*There Is a Fire at the Zoo*。

这个故事发生在动物园里。动物园里住着许多动物：lions、hippos、peacocks、seals、elephants 等。有一天，动物园着火了，动物们都积极用自己的特长去灭火，但最后只有大象把火灭掉了。这个绘本用接地气的方式激发学生的求知欲望，不仅让刚接触英语的三年级学生了解了不同动物的习性，也学会了许多火场逃生的知识和火警电话"119"。

2. 根据学生需要，改编仿写绘本

孩子词汇量不够，阅读兴趣不高，怎么办？我们经过探索教研，认为最好的方式就是改编教材，让它适合我们的学生。*Brown Bear, Brown Bear, What Do You See?* 这个绘本，充分利用大量重复的句型来激起学生的阅读兴趣，逐步引导学生认识相关动物、颜色的单词。要让学生认识更多的动物和颜色单词或其他方面的单词，可引导学生模仿绘本进行自画来改编绘本。在这种阅读教学活动中，学生自主参与了绘本制作，不仅保持了阅读兴趣，还增加了词汇量。

3. 根据实际话题，自编适切教材

想跟学生讲述某方面的生活故事，却找不到相应的绘本，我们的做法是自编教材！首先，选好话题。其次，列出知识点。最后，绘制绘本。

以自编绘本 *The Traffic Lights* 为例，话题是"交通安全"，知识点是"Go at the green light. Wait at the yellow light. Stop at the red light."，绘画内容是主人公在过马路时的各种情形。绘本中，通过不安全过马路的行为和安全过马路的行为的对比，引导学生思考交通安全问题，加强学生的安全意识。

（三）适切的教学导向

1. 根据教学目标，设计教学活动

教授英语绘本时，没提问题可以说是一种无效的教学。教师根据教学目标提出问题，学生带着问题阅读绘本，是阅读教学中最基本的教学方式。而教师提出的问题必须层层递进：事实问题—推理问题—反思问题。只有这样，教师才能根据问题导向设计灵活多样的阅读教学活动，利用绘本阅读教学提升学生的思维品质。

2. 依据评价体系，扩展绘本阅读

小学英语绘本阅读不仅是一种课堂教学的手段，更应该成为一种学生日常阅读的行为。在课堂教学活动中，教师通过多样化的评价方式——师生互评、学生互评、学生自评等，促进学生阅读。课后，通过教师的导读引导学生进行课外绘本阅读，如大猫系列绘本阅读、丽声系列绘本阅读、牛津阅读树等，培养学生阅读英语绘本的习惯，并为学生设计一份有效的阅读形成性评价，例如，在一周内阅读了多少本绘本，阅读了什么故事，积累了什么语言知识，学会了什么生活知识，受到什么启发，等等。当阅读成了习惯，学生思维品质的提升就再也不是空话。

四、结束语

英语绘本通过图文结合的形式、生动有趣的内容极大地激起学生的阅读兴趣，丰富了学生的语言内涵和精神世界，为英语课堂教学带来新的生机与活力。它源于生活，贴近生活，每一个系列的绘本读物都有它自身的价值观。通过阅读，小学生身处自然、有趣的语言习得氛围中，感知知识背后的价值取向，获得正能量的传递，情感得到了升华。

绘本阅读教学需要我们实践、研究、反思、再实践、再研究、再反思，充分挖掘绘本阅读教学的魅力，探索出适切的小学英语绘本阅读教学模式，培养学生良好的阅读习惯，为终身学习英语打下扎实的基础。绘本阅读教学研究是适切教研的缩影之一，将成为提升教师专业发展的有效途径。

参考文献

［1］中华人民共和国教育部.义务教育英语课程标准（2011年版）［M］.北京：北京师范大学出版社，2012.

［2］张荣干.适切教研视角下的广东省义务教育英语教研探索［R］.广州：广东省教育研究院，2015.

［3］莫燕香.小学英语绘本教学问题与对策研究［D］.湖南师范大学，2016.

［4］余治莹，王林.绘本赏析与创意教学［M］.石家庄：河北教育出版社，2010.

［5］周璐璐.浅析绘本教学在第二语言教学中的运用［D］.重庆：重庆师范大学，2016.

谈学校创新微团队与教师专业发展

在以人才发展工作为社会发展的核心要素的今天，高素质人才的培养有赖于教育的发展，教育质量的提高有赖于教师素质的提高。著名教育家顾明远指出，只有专业化，才有社会地位，才能受到社会的尊重。教师专业发展关系着教育大计，构建优秀的学校创新微团队，如名师工作室、学科组等，是促进教师专业化发展的有效途径。

一、构建学校创新微团队的意义

在知识经济大发展时代，靠学校教育一次性"充电"然后永远"放电"的时代已经过去。俗话说，"一人行快，众人行远"。构建教师学习微团队是为了大家在教育教学的路上走得更快更远。管理学家罗宾斯认为，团队就是由两个或者两个以上的相互作用、相互依赖的个体，为了特定目标而按照一定规则结合在一起的组织。创建学校创新型微团队，把终身学习作为教育目标，拥有知识并善于学习，将成为教师专业发展的重要手段和提高教育教学质量的重要保证。在特定的学习圈子内自我超越是学习型学校创新微团队的特征，微团队的教师有强烈的专业发展自我意识，抓住教育的精髓，养成勤读书、爱研究的习惯，主动自觉进行教学实践和教学反思，把自身的教学经验升华为教育理论，加快个人专业成长。教师在这个学习蜕变过程中，通过实践—认识—再实践—再认识，不断开创专业发展的新天地。

二、学校创新微团队对教师专业发展的作用

（一）有利于强化教师研修

不断学习是学校创新微团队共同的理想和发展目标。首先，微团队教师根

据自身情况制定学年研修计划，借助书籍、网络等载体有针对性地自学。在研修过程中，微团队教师注重积累教学经验与运用所学知识，养成及时记载学习随感、记录学习笔记的好习惯，形成个人学习档案（如读书集、反思集、积累集）。其次，通过网络平台建立学校微团队网络工作室、微信群、QQ群等，让教师在互动中开阔视野，并将教育教学中的经验、难以突破的难点与困惑发送到团队空间进行探讨与交流，及时解决问题，有效促进教育教学工作。

（二）有利于激发教学智慧

1. 微团队集体备课，可以凸显集体智慧

备课强调学科特点和年级特点相结合，采用集体备课和个人备课相结合、名师引领和个人创新相结合、专题研究和单元共建相结合的方式，解决当前遇到的热点、难点问题，让个人能力和集体智慧相得益彰。

2. 微团队集体教研，提前解决教学困惑

以团队为载体，树立问题即课题的意识，进行有针对性的教学研讨活动。针对在教育教学中遇到的问题，进行分析、归纳和总结，提炼集中的问题，建立学校校本研修库，根据各专题开展教学论坛、专题讲座、案例分析等活动。这样，团队教研就成了教学信息的发布场、独家发言的集中地、课改视角的展现点。微团队教师充分利用集体智慧，研讨解决自己教学中遇到的各种问题、困惑，切切实实地提高教学的有效性，促进个人的专业发展。

3. 微团队集体聚焦，切实提高教学水平

教师专业成长的方式、方法很多，但归根结底都要回到课堂中来。今天的课堂决定20年后中国的命运。课堂是实现教育目的的主要手段。在基础教育阶段，学生的学习生涯由大约16 800节课构成，先保证课堂的质量才能保证教育的质量，追求课堂的精彩是我们的最终目标。

微团队教师聚焦课堂，通过课堂实例共享教学经验，通过教学反思提升教学水平，这是最终促进教师专业发展的最佳途径。常见的微团队课堂有：

（1）骨干展示课。骨干教师是学校创新微团队里的宝贵资源。他们积累了丰富的教学经验，对课改有独到的领悟，能引领学科教学。团队骨干展示课可以按照"上课—说课—反思—评课—互动—总结"环节进行。类似世界咖啡厅式的团队教学展示活动，充满活力与智慧，让教师从身边的榜样找到自身的差

距，明确自身专业发展的方向。

（2）教师推门课。教师以级组为单位结成共同体，以课堂教学为依托，在日常教学中共同备课，互相听课、评课，彼此借鉴，取长补短，共同提高。这种推门课让教师随时随地可以听课，解决了大家只在固定教研时间才有机会听课的问题，更好地促进微团队的建设，成为教师专业发展最肥沃的土壤。

（3）青年汇报课。青年教师是学校教学的生力军，青年教师的培养以学科为主体，以课堂为阵地，依托学校创新微团队，互相学习、切磋，在学习中实践，在演练中提高，为实现"一年入门、三年成熟、五年成才"的专业成长目标而努力。

创建学习型微团队的重点是提高教学水平，利用团队聚焦课堂教学的"课堂案例"研究活动集思广益，切实提高教师实施新课程标准的能力，有效地促进了教师专业发展。

4. 微团队集体研究，有力提升科研能力

集体的力量是无穷的，一个因课题研究而创建的学习型微团队，为微团队里的每一位教师提供了"在实践中学习，在学习中实践"的机会。微团队以理论为指导，以课题为支撑，通过研究促进教师个人专业发展，整体提升团队水平。

5. 微团队集体反思，如实揭示发展本质

美国著名学者波斯纳提出：教师成长=经验+反思。这个教师成长公式揭示了教师专业发展的本质。自己反思分析教学中面临着哪些问题、哪些问题是关键问题等，从学科理论的高度去反思自己的教学经验，从而形成一种自觉的、理性的教学行为，为自身的专业发展打下基础。

三、学校创新微团队促进教师专业发展的策略

（一）转变观念，培养团队意识

应以开放的心态与其他教师建立信任与合作的关系，学会站在别人的立场上考虑问题、分析问题、彼此支持、相互配合、相互体谅。队友之间通过交流和讨论，分享自己不曾了解到的理念、经验，从新视角出发反思自身教学行为，做出适合自己的最佳选择。但必须明确的是，团队合作不是放弃自己对教

育教学问题的独立思考和行动，而是在合作中要有自己的主见和创新，超越自我、超越他人，彼此在合作中竞争，在竞争中合作，共同提高各自的专业素养，实现自身价值，促进自身的专业发展。

（二）坚持原则，营造团队氛围

教师是教育的根本。微团队管理的核心要重视教师的尊严和价值。创建团队时要强调"以人为本"，满足个体的合理需求，建立相互信任、尊重知识、鼓励知识共享的学校文化氛围。我们允许不同观点、不同流派、不同主张的自由碰撞，因为一个和谐的微团队能充分调动全体教师的积极性、主动性和创造性，能为提升教学效能、促进教师的全面发展发挥重要作用。

教师专业发展具有很大的"自主性"，教师要有较强的自我发展意识和能动力，自觉承担专业发展的主要责任，通过不断学习、实践、反思、探索，提高自身的专业水平，挖掘自身的教育教学潜能。

没有完美的个人，只有完美的团队。学校创新微团队作为教师进行继续教育的一个重要载体，具有全员性、实效性和灵活性。它对提高教师队伍的整体素质、促进教师的专业化成长具有不可替代的作用。在当今网络教育时代，教师们深深体会到，抱团终身学习是教师提升自我、改变自我、超越自我和实现自我价值的一大法宝。团队式的学习让教师的心态更开放，人际关系更和谐，合作能力更强，沟通更便捷。学校创新微团队的构建对促进教师的专业化发展具有深远而重大的意义。

参考文献

胡惠闵,王建军.教师专业发展［M］.上海：华东师范大学出版社，2014.

同课异构的思索

——记茂名市直属小学一次英语阅读课竞赛

一、问题提出

笔者观摩了茂名市直属小学一次英语阅读优质课评比活动。上课的几位教师来自茂名市直属各小学，都是借班上课，上课的内容均为人教PEP版小学五年级《英语》上册中的Unit 4 What can you do? 的Part B Read and write。教学内容如下：

Zhang: Robot, can you make the bed?

Robot: No, I can't.

John: Robot, can you do the dishes?

Robot: Sorry, I can't.

Sarah: Robot, can you set the table?

Robot: No, I can't.

Amy: What can you do?

Robot: I can play chess.

Chen: Great! Can you use a computer?

Robot: Yes, I can. I am a computer.

这是一篇对话式的阅读文本，它要求学生通过阅读语篇来掌握重点短语play chess、use a computer和听、说、读、写重点句型 "Can you...? " 及其回答 "Yes, I can./ No, I can't." 。

由不同的教师执教相同的教学内容，就是我们平时常说的"同课异构"。它的目的是让参与者的思想在多维的教学角度、迥异的教学风格、不同的教学策略中碰撞、升华，以实现课堂教学实效的最大化。在这次阅读课教学比赛中，几位授课教师对教学内容的处理及采用的教学手段各有千秋，教学效果各异。下面是笔者对本次参赛活动一些教学片段的梳理和评析。

二、课堂教学的描述与评析

（一）课堂导入

【教学片段1】

教师A扮成机器人走进教室。

T: Hello, boys and girls. My name is Robot. I'm your new friend. Nice to meet you.（以机器人特有的声调与学生打招呼）

Ss: Nice to meet you, too.

T: I'm so happy to be here. Are you happy?

Ss: Yes.

T: I want to sing and dance.（教师A学机器人跳舞）Let's sing together.

Ss: OK.（学生跟着教师唱歌跳舞）

【教学片段2】

教师B走进教室。

T: Good morning, everyone. Nice to meet you.

Ss: Nice to meet you, too.

T: Can you do housework at home?

Ss: Yes.

T: Great! What can you do?

S1: I can cook the meals.

S2: I can water the flowers.

...

【教学评析】

教师A根据小学生好奇心强的特点，结合教学内容，以文中主人公Robot的形象出现，极大地激发了学生学习的兴趣，取得了事半功倍的效果。教师B则通过常用的课堂导入方式——自由对话，复现前面所学的知识，达到导入新知识的目的。两种导入方式各有所长，如果教师的表演技能较好，用教师A的导入方式更能激发学生的学习兴趣，否则，用教师B的方法也能达到承上启下的效果。但是，如果在日常教学过程中经常采用单一的课堂导入方式，学生习惯了该教学方式，没有了新鲜感，效果就会大打折扣。在这次比赛中，我们可以看出，教师B的导入远没有教师A的导入精彩，它没能引起学生的共鸣，这也许是教师平时上课常用这种方法而学生过于熟悉无法产生火花的缘故。

英国教育学家罗素说过："一切学科本质上应该从心智启迪开始，教学语言应当是引火线、冲击波、兴奋剂，要有撩人心智、激人思维的功效。"这句话用在课堂导入上再恰当不过了。一节课的导入恰如其分，就能使课堂气氛变得轻松、活泼，牢牢吸引学生的注意力，使其产生浓厚的兴趣和强烈的求知欲，从而活跃思维，充分发挥主观能动性，提高学习效率，教师也能优化课堂教学，为整体教学打响第一枪，很快找到讲课的感觉。课堂导入的方法有很多，如图片导入、故事导入、歌曲导入、悬念导入、游戏导入等，教师在授课时要根据教材内容和学生的特点，尽量运用不同的课堂导入方式，使学生始终对课堂有一种新鲜感和期待感，保持极大的学习兴趣。

（二）新课呈现

【教学片段3】

教师A首先提出两个问题：What can Robot do? What can't Robot do? 学生观看课文VCD并找出问题答案，填写在表格里；然后学生跟读录音；最后学生进行课文表演。

【教学片段4】

教师C首先让学生阅读课文，找出难点，教师解释play chess、use a computer的意思；接着学生再次阅读课文，完成表格；然后学生听录音跟读课文，并进行表演；最后学生书写重点句型。

【教学片段5】

教师D首先要求学生听课文录音并跟读，然后分角色朗读课文，最后再次朗读课文回答课本问题。

【教学评析】

从课堂气氛、效果来看，教师A用VCD呈现教学内容，学生兴致勃勃，每个人都伸长脖子，瞪大眼睛，唯恐漏掉了一个画面，但是，在填写表格时，大部分学生不知如何下笔，急得教师直跺脚。教师C在呈现新课时，学生比较安静，没有我们平时看到的热热闹闹的场面，但学生基本能完成表格内容的填写。教师D在呈现新课时，学生只是机械地跟读、朗读，没有任何的喜怒哀乐，回答问题时，只有零星几个学生举手，跟教师的口若悬河形成鲜明的对比。

学生掌握知识、技能的过程，一般来说要经过四个阶段：感知教材→理解教材→巩固知识→运用知识，这是一个由浅入深、由简单到复杂的循序渐进的过程。阅读课教学也应经历这个过程。教师在教学中要创造条件：首先，保证学生有充足的阅读时间，通过快速阅读了解文本大意，获取关键信息。其次，进一步深入开展阅读实践活动，对文本内容进行信息转化。最后，教师要避免教学活动枯燥乏味，方法、形式和手段要多样化，激发学生的阅读兴趣，使其变被动阅读为主动阅读。教师A设置情境，提出问题，使学生产生读的需要，却是以观看VCD的方式进行，小学生生性活泼好动，易受卡通画面影响，无暇注意文本内容，也就无法完成教师预设的教学任务。教师A在呈现新课时如能设计第一次观看无声动画片，第二次进行纯文本阅读，第三次观看动画片配声音，让学生在熟悉所有的阅读材料后再继续下面的教学活动，教学效果就会明显改善了。教师C呈现新课的方法是我们在教学中常用的，如果在学生表演后，能引导学生根据表格内容转述课文，然后把文本中的对话内容进行改编，改写成描述性的叙述文，而不是机械地抄写句子，则更能体现阅读课的完整性，体现学生先简单后复杂的"倒金字塔"式语言习得过程。教师D在新课呈现阶段用听录音跟读来代替阅读，作为一节阅读课，在没有其他教学环节辅助的情况下，笔者认为这种方式是不可取的。小学生的听力不强，还没有养成用英语思维的习惯，在限定的时间内既要听录音又要阅读，会互相干扰，他们既静不下心来理解文本内容，又没办法改善语音、语调，如果这是一节听力课的话则另当别论。

（三）内容拓展

【教学片段6】

教师D根据阅读文本进行拓展：

T: Wow, boys and girls, you can do so many things. You can do housework very well. But, what about sports? What can you do in the sports meeting?

（Ss通过VCD，观看一场运动会）

T: Boys and girls, what can you do?（面向S1）

S1: I can play football.（教师提示S1模仿教师提问S2）

S1: What can you do?

S2: I can play basketball. What can you do?（提问S3）

S3: I can run.

...

【教学片段7】

教师E在拓展阶段安排了一个采访活动：

T: Today we have a new friend here.

S1:（戴着机器人面罩上场）Hello! I am a robot. Nice to meet you! I can do many things. What can you do?

S2: I can...

（S1记录S2的回答）

学生分为四组，每组推选一名学生当机器人进行采访，并记录回答，最后汇总。

【教学评析】

《基础教育课程改革纲要（试行）》明确指出，改变课程实施过于强调接受学习、死记硬背、机械训练的现状，倡导学生主动参与、乐于探究、勤于动手，培养学生搜集和处理信息的能力、获取新知识的能力、分析和解决问题的能力以及交流与合作的能力。这就要求课堂要给学生营造一个宽松自由的探索空间。两位教师通过轮流变换教学活动中的不同角色，极大地激发了学生的学习积极性，增强了学生的参与意识，学生的个性得到了张扬。教师D在课堂中由"演讲者、表演者"，转变为"引导者、管理者"，课堂由"一言堂"变为"众言堂"，让每一个学生都有机会当"小老师"，都有展现自己、锻炼自己的平台。而教师E指导学生自主学习、相互讨论，打破了教师"给水喝"的局面，使学生学会了"找水源"的学习方法。但是，两位教师似乎忘了，本课的主要句型是"Can you...?"及其回答，在拓展中我们可以也应该使用前面已学的句型"What can you do?"及其回答，可是不能漏了巩固练习本课的重点句型，否则就有点本末倒置了。

（四）歌谣辅助

【教学片段8】

教师C、教师D、教师F都使用了Let's chant中的歌谣来活跃学习气氛：

Dog, dog, what can you do?

I can run after you.

Panda, panda, what can you do?

I can eat so much bamboo.

Mouse, mouse, what can you do?

I can hide in the shoe.

Mike, Mike, what can you do?

I can draw animals in the zoo.

【教学片段9】

教师E在拓展阶段引导学生创编歌谣：

Robot, Robot, can you make the bed?

No, no, no, I can't.

Robot, Robot, can you do the dishes?

Sorry, sorry, sorry, I can't.

Robot, Robot, can you play chess?

Yes, yes, yes, I can.

...

【教学评析】

教师C、教师D、教师F用歌谣来活跃课堂气氛，进一步巩固了上一课的主要句型"What can you do?"及其回答，也为本课做了铺垫。而教师E的设计更为精心，学生在学完课文后，利用所学的知识创编歌谣，当学生兴趣盎然地朗读歌谣时，已经在不知不觉中把重点句型"Can you...?"及其回答牢记在脑海中。如果能把这两首歌谣融汇于一节课，相信效果会更加完美。

　　歌谣短小生动，朗朗上口。借助歌谣进行英语教学，既有利于激发学生的学习兴趣，又有利于发展学生的语言运用能力。其实，除了歌谣，歌曲也有这种效果，把所学的内容套入学生熟悉的旋律中进行演唱，可激发学生的兴趣，增强记忆。比如，在本课的拓展阶段，我们可以把教学内容套入《两只老虎》的旋律中：

Can you set the table?Can you set the table?

No, I can't.No, I can't.

Can you play chess?Can you play chess?

Yes, I can.Yes, I can.

……

（五）表格使用

【教学片段10】

　　教师B针对文本内容，在学生第一轮略读后提出了 "What can Robot do?" "What can't Robot do?" 等问题，启用了课文中的表格：

阅读课文，把Robot会做或不会做的相关信息填写在下表中

Robot can	Robot can't

【教学片段11】

　　教师C在学生进行第二轮精读后，提出问题 "Can Robot...?"，并设计以下表格。

根据课文内容，用 ☺ 或 ☹ 表示Robot会做或不会做的事情

make the bed	
do the dishes	
set the table	
play chess	
use a computer	

【教学评析】

表格能提供清晰和直观的视觉信息，是日常阅读教学中广泛运用的一种教学工具。可以看出，教师B要求学生在第一次阅读后能写出文本中的动词短语，但是，学生刚接触文本就被要求书写，部分学生甚至还没看懂文本大意，要求偏高了点，如果是在第二次阅读后再提出此要求会合理一些；相反，教师C在第二次阅读后才要求学生对文本内容进行判断，要求偏低。教师B和教师C在教学中如能把利用表格巩固课文内容的流程调换，在第一次阅读时进行判断，第二次阅读时书写巩固，则更符合学生循序渐进、由浅入深的语言习得规律。另外，两位教师都把表格的功能简单化了。在英语教学中，除了梳理文本信息，教师还可以利用表格引导学生进行复述、转述、造句、对话等活动，让学生获得充分的听说训练，提高口语表达能力，为其在真实的语言环境中进行交流打下坚实的基础。在本课中，教师可以利用上述表格引导学生用描述性语言转述课文，然后进行改写，以达到以读促说、以说导写的教学目的。

三、今后的思索

在这几节阅读课中，笔者观察到，几位授课教师在盘活教材内容、讲求教学实效中有几点是值得借鉴的。

（1）教师整体素质较高，能用英语进行授课，培养学生用英语进行思考的习惯。

（2）能有效地盘活教材内容，活用教材来教学生。

（3）关注培养学生学习英语的兴趣。

（4）渗透读写训练，培养学生的认读能力。

（5）面向全体学生，注重学生自主学习能力的培养。

通过这几节阅读课的观摩，笔者有了一个很大的感触，就是教师在构思课堂活动时应该围绕教学目标，对教学内容进行优化组合、有效拓展，为学生提供丰富多彩的教学素材，以实现课堂教学效果的最优化。不同的教师处理相同的教学内容时，教学风格是不一样的，但不管是何种课型，教师都应培养学生在获得知识过程中的合作交流、独立思考、收集处理信息、运用信息等能力，从而形成积极主动的学习态度。

苏霍姆林斯基说过："教学的技巧并不在于使学习、掌握知识变得很轻松、毫无困难。恰恰相反，当学生遇到困难并独立地克服这些困难时，他的智力才会得到发展。"课堂教学是实现教育目的、完成育人任务的最基本的途径，是促进学生全面发展的主渠道。在课堂上实施的教学方法、手段是使学生达到语言技能、语言知识、情感态度、学习策略和文化意识等方面的具体内容标准的主要载体，也是我们今后在小学英语教学中面向全体学生盘活教学内容、讲求课堂实效的努力方向。

参考文献

[1] 中华人民共和国教育部.义务教育英语课程标准（2011年版）[M].北京：北京师范大学出版社，2012.

[2] 程晓堂，郑敏.英语学习策略 [M].北京：外语教学与研究出版社，2002.

[3] 王笃勤.英语教学策略论 [M].北京：外语教学与研究出版社，2006.

[4] 盛德仁.英语教与学新模式 [M].北京：外语教学与研究出版社，2002.

[5] 苏霍姆林斯基.给教师的建议（修订版）[M].杜殿坤，译.北京：教育科学出版社，1984.

小学高年级段英语阅读教学探索

一、问题的提出

小学英语教学首先要培养的是学生的听、说能力，当学生有了一定的听、说能力之后，就要逐步培养学生的阅读能力。语言习得要依赖大量的语言材料输入和语言实践，而进行大量的阅读是学好语言的有效途径，因此，在小学高年级段开展阅读教学是提高学生英语学习能力的重要手段。阅读既是学生巩固和积累词汇、提高语言综合运用能力的途径，又是学生扩充英语知识和了解外国文化的重要手段。

《全日制义务教育英语课程标准解读（实验稿）》规定，小学阶段英语阅读量要累计达到10万—12万字，并明确提出小学阶段的阅读目标：能看懂贺卡等所表达的简单信息；能借助图片读懂简单的故事或小短文，并养成按意群阅读的习惯；能正确朗读所学故事或短文。要达到这样的目标，学生必须有足够的语言输入量。因此，小学英语教学特别是高年级段教学必须重视阅读教学。

二、小学英语阅读教学的现状

自小学英语课程开设以来，大家都十分关注单词的教学、对话的教学。大量的优质课、示范课给了一线教师极好的示范与引导。然而，小学英语的阅读教学是各任课教师按照自己的认识在摸石头过河，部分教师甚至把英语阅读教学当作讲解课或翻译课。在英语教学实践中，小学阶段学生英语阅读能力低下已经是个很突出的问题。其实，阅读教学作为小学高年级段英语教学的主要任务之一，应逐渐渗透和运用基本的阅读策略，激发并维持小学生的英语学习兴趣，使他们具有初步的英语阅读能力。在现行的小学英语教材中，配套的阅读教材较少，仅凭课内故事和配图短文的英语阅读内容，无法全面培养小学生的英语阅读技巧和能力，这也是小学英语阅读教学中的瓶颈。

三、小学英语阅读教学的策略

（一）培养学生良好的阅读习惯

英语阅读教学的主要目的是提高学生的阅读速度和理解的准确度，使学生逐渐获得独立阅读英语的能力。而培养良好的阅读习惯是提高学生阅读速度、阅读能力，激发学生阅读兴趣的重要策略。

许多小学高年级段的学生有一些不良的阅读习惯，如阅读时唇读、心读、指读、回读、头部跟读和译读等。这些不正确的阅读方法直接影响了阅读速度、阅读效果。在英语阅读教学中，教师要对学生的阅读方法和技巧进行有效的指导，培养其良好的阅读习惯。

1. 提高学生阅读速度，培养阅读能力

在进行阅读教学时，教师要有目的、有计划地培养学生通过视觉器官直接感知文字符号的能力，杜绝阅读过程中的一些不良习惯，提高学生的阅读速度。在阅读时，要教会学生把整段的文字直接映入大脑，不必字字句句过目，通过快速阅读把握文章的主要内容，或结合文章所给的提示，一目十行地寻找与问题内容相关的词句，一旦发现有关的内容，就稍事停留，将它记住或写下，在最短的时间内掠过尽可能多的阅读内容，找到需要的信息。

例如，教授人教PEP版小学六年级《英语》上册Unit 4的Part B Let's read时，短文内容主要介绍Liu Yun笔友的情况。为了培养学生的阅读能力，教师运用了寻读的方法进行教学。首先，围绕主题friends进行趣味导入。教师问学生："Who's your friend?"学生纷纷举手回答。然后教师又问："What does your friend like doing?"接着，教师又提出要求："读一读短文，看看谁是刘云的新朋友，请把她的名字圈出来。"学生很快就把Alice找了出来。教师又顺势启发学生："How does she go to school? What she like doing?"学生们又兴致勃勃地读起来，一边读一边把表示Alice上学方式及爱好的词语画了出来。教师又用同样的方法让学生整理出"Alice's sister—Ann"的情况。最后，要求学生用英语汇报他们得到的信息，学生很轻松地表达出：Alice is Liu Yun's new friend. She goes to school... 课堂教学结束后，学生还沉浸在学习的乐趣中。

另外，在阅读教学时，要培养学生用英语进行思考的习惯，不必把英文翻译成中文，而要让英语的词句在大脑里直接产生意义，否则将大大降低阅读速度，从而影响对阅读材料的全面理解。

2. 培养学生根据短文猜测词义、推断词义的能力

学生在阅读中难免碰上生词，教师不要急于告诉学生新单词的意思，也不要让学生急于查词典，因为查词典不但会降低读速，还会打断思路，降低阅读效率。教师应先让学生根据文章语境判断出生词的意思。猜词义的方法多种多样，最常用的是根据上下文猜测生词的含义。另外，还可以让学生根据构词法（如前缀、后缀）、同义词、反义词等揣摩某些生词的意思。当然，有不少生词（特别是一些抽象名词）的意思是很难猜出来的。如果它们对理解文章内容无多大妨碍，可以让学生跳过，不要把精力过多地放在猜词义上。因为"咬文嚼字"的阅读方法不适合小学生，会影响小学生英语阅读能力的发展。

3. 教会学生把握文章的主旨（main idea）和主题句（topic sentences）

在阅读过程中，教师要指导学生不要老是注意某个单词的位置，也不要在每个单词上平均花费时间，而是把注意力集中在作者要阐明的思想内容上，在阅读时抓住文中重点段、段中主题句和句中的关键词，用浏览全文的方法了解文章的大意和主题思想，并对文章的结构有个总的概念。

如在进行第一遍阅读时，教师首先指导学生跳过某些细节，动笔画出文章的开始段、结束段、段首句和结尾句及篇章中的重要信息词，然后根据关键词和主题句来回答"Who、When、Where、What"等问题，学生在大致理解文章意思后，进行下一轮的详读就容易多了。

（二）积累丰富的阅读材料

在小学阶段进行英语阅读教学，解决资料匮乏的主要途径是多渠道地开发课程资源，搜集适合不同年龄特征的学生阅读的英语读物。

1. 结合教材筛选阅读材料

如今的小学英语教材种类很多，各有各的特点，但是在话题、结构、功能等方面的编排都比较相似。因此，在教授同一话题的时候，不同教材中的阅读资源就可以相互补充。如果学校采用的是人教PEP版小学英语教材，在教学过程中，可参考剑桥少儿英语、阶梯英语、灵通少儿英语等。可根据实际需要，选用这些教材的阅读材料作为学生的补充阅读内容。

在教授人教PEP版小学五年级《英语》下册Unit 2 My Favourite Season时，可选用剑桥少儿英语第三级上册Unit 2 What is your favourite season? 中的一篇文章Which season is it? 作为学生的课外补充阅读材料，图文并茂的阅读材料直观又生动，使学生既巩固了课内的语言知识，又学习了新的相关知识。

2. 结合教材编写阅读材料

在教学过程中，有时不需要很费心地去寻找适合的阅读材料，只要把教材中的语言材料进行简单的加工，就可以使其成为很好的阅读教材。

在教授《开心学英语》六年级下册Unit 10 We're going to go to Tibet. 时，可以把课文的主要语法知识和词汇组合在一起，编成以下这样一个阅读小短文：

The summer holiday is coming. I'm going to go to Beijing for a vacation. I'm going to get there by plane. I'm going to go with my parents. We are going to visit the Great Wall. We're going to watch the Olympic games, too. We're going to stay with relatives. How about you?

这样的阅读短文虽然仅仅是把原本零散的语言知识组成了一段完整的阅读材料，但是对学生来说意义非同一般，因为他们读懂了这段文字，这给他们带来了很强的成就感。同时，这个短文为学生练习表达提供了一个很好的范例。

3. 引导学生创作阅读材料

五六年级的学生已经积累了一定的语言知识并且表现欲望很强，只要教师正确引导，学生就能写出很好的小短文。另外，学生写的文章贴近他们自己的生活，符合其阅读水平，更具吸引力。

在教完人教PEP版小学五年级《英语》上册Unit 5 My Teachers后，让学生仿写一篇题为"My..."的小作文，让他们把自己最喜欢的老师、爸爸或妈妈、最好的朋友介绍给同学。其中有一名学生写了一篇题为"My Friend"的小短文。

My Friend

I have a best friend. She's my classmate. She is a girl. She is tall and thin. She has long hair, big eyes and a round face. She is very active. She goes to school on foot. Her home is near our school. She likes playing the piano. After class, she often plays the piano with me. Who is she? Guess!

这篇小短文的语言通俗易懂，在文章的结尾用上问句形式，让读者猜猜她的好朋友是谁，较好地激发了读者的兴趣。当这篇习作发到学生手中时，学生边读边猜，兴趣盎然，除了阅读文本，还进行了仿写，体现读写结合的理念。

4. 鼓励学生推荐阅读材料

在今天这个多元、开放的信息时代，学生获取阅读资源的能力很强，如英语报纸、英语画刊、英语故事书等，再加上互联网上的网络资源，只要教师引导得当、措施得力，学生就能自主查找到大量的阅读材料。学生推荐的阅读材料适合大多数学生的阅读水平，而且生动有趣，很有推广价值。教师对这些阅读材料进行筛选后，就能建成一个适合学生阅读的资源库。

小学生英语阅读能力的培养和提高不是一蹴而就的，培养学生的阅读能力是一个渐进的过程。在小学阶段对学生进行有效的英语阅读教学，对学生终身学习英语起着重要的作用。在教学过程中，教师应灵活巧妙地渗透、运用英语阅读技巧和策略，帮助学生有效地学习和阅读英语故事或短文，提高他们的阅读速度，提高他们的英语阅读能力，帮助他们养成良好的阅读习惯，发展他们英语学习的能力，这样才能真正提高学生的英语阅读能力，为他们终身学习英语奠定良好的基础。

参考文献

英语课程标准研制组.全日制义务教育英语课程标准解读（实验稿）[M].北京：北京师范大学出版社，2003.

小学英语绘本阅读教学设计分析

随着素质教育的不断深入，我们越发重视在小学阶段进行学生的多元智力开发，越来越多的课外知识被引入课堂，提高了学生对课堂学习的兴趣，实现了高效课堂。在小学英语阅读教学中，绘本因符合小学生的学习特点，且故事性较强，在提高课堂趣味性的同时，对学生语言水平的提升具有较大的推动力。然而，绘本教学仍存在一些问题，影响了绘本作用的发挥。基于此，笔者通过对英语绘本阅读教学进行设计，以期推动绘本阅读教学的发展。

一、小学英语绘本的特点

（一）儿童性

绘本是为儿童启蒙准备的读物，为吸引儿童阅读，实现教育目的，绘本大多具有儿童性。该特点主要表现在三个方面：其一，绘本中的故事具有儿童性。绘本故事大多与孩子的生活相关，能保证孩子理解故事并随着故事发展产生不同的情绪；若绘本内容与孩子的生活无关，则孩子很难理解，绘本将很难激发学生兴趣。其二，绘本构图与人物塑造多以儿童的特点、兴趣为主。在绘本中，图片是表达故事的重要方式，根据图片理解英语含义是绘本学习的重要方式，而想要引起学生兴趣，图片必须色彩鲜明、生动形象，符合孩子的兴趣特点，这样才能吸引孩子阅读，帮助孩子理解绘本，提高孩子的英语阅读能力。其三，绘本文字表达方式符合儿童的特点。只有文字大小、布局等与图片交相辉映，共同传达故事内容，才能进一步发挥绘本的作用。

（二）节奏性

通常来讲，绘本故事大多有两种语言及图片，并且绘本编排大多有较强的节奏性。其一，图片的节奏性能够降低绘本阅读的难度，提高学生对绘本阅读的兴趣。如在 *My Friend* 中，第一张图片是女孩走路的画面，第二张则是小猫走路的画面，第三张图片是小女孩在跳，第四张图片是小狗在跳，以节奏性的图片展现了小女孩在不同动物身上学到的不同本领。其二，文字的节奏性提高了文字的可阅读性与学生对英语短句的记忆速度，实现了高效阅读课堂，如在 *My Friend* 中，图片下边的文字都是同一句型"I learned to...from..."，对图片内容进行节奏性重复，可提高学生对绘本内容的掌握速度；将其应用到英语阅读中，阅读课堂的教学效率可明显提高。

（三）真实性

实际上，英语绘本作为儿童启蒙读物的原因之一在于，绘本内的语言描述与西方人的思维习惯相符，在一定程度上，为学生未来具有英语综合运用能力奠定了坚实基础。在我国小学英语教学中，绘本中真实的语言材料能够帮助学生了解西方的文化情境，引导学生真正将英语与汉语区分开来，避免了母语的负面影响。

二、小学英语绘本阅读教学中存在的问题

新形势下，英语绘本教学逐渐被引入小学英语课堂，但是，纵观其实际应用情况，效果并不明显，英语阅读课堂的效率仍普遍低下，具体原因如下。

（一）阅读课堂上绘本材料准备并不充分

在英语阅读教学中，教师因教学任务繁重，很少有时间充分了解绘本，并筛选出适合课堂的英语绘本，在未遇到与阅读教学相符的绘本前，教师仍以传统阅读教学为主，只有碰到适合的题材时，才将英语绘本搬上课堂。在这种情况下，教师并未对绘本阅读教学进行系统规划，绘本教学作用难以发挥。

（二）教师对英语绘本的重要性认识不足

在小学教育阶段，英语是小升初的必考科目，英语教师任务繁重，压力较大，教师大多重视学生英语成绩的提升，忽视了阅读教学的重要性，尤其是绘本阅读教学，教师很少花时间进行深入研讨，并且面对与自身教学方式不同的

绘本教学，教师存在畏难心理，影响了英语绘本在阅读教学中的应用。

（三）绘本教学的师资缺乏

与西方国家相比，我国在绘本引进上稍显落后，在师资力量上明显不足。英语绘本教学的普及离不开各位教育工作者的共同努力。当前，在我国难以全面普及英语绘本教学的状态下加强师资培训，成为推广英语绘本教学、实现高效英语阅读教学的关键。然而，从实际情况来看，我国教师对英语绘本的重要性认识普遍不足，尤其是农村小学英语教师，在开展英语绘本阅读教学时，难以发挥绘本的作用，这使得教师忽视绘本，英语阅读教学效率较低。对此，加强师资培训，提高教师对绘本的认识与应用水平，成为英语绘本阅读教学实现高效课堂的关键。

三、小学英语绘本阅读教学设计分析

在小学英语绘本阅读教学中，各项教学活动的开展，如英语朗读大赛、英语作文比赛等，都应建立在充分理解绘本的基础上，如此才能更好地发挥绘本的作用，实现高效阅读课堂，为学生打下坚实的英语基础。若教师本身对绘本理解不足，应用不到位，则绘本阅读教学将无从谈起。因此，在英语绘本教学落实前，学校应积极搭建绘本学习平台，加深教师对绘本的认识，各教师相互交流，共同筛选出适合课堂的英语绘本，为绘本教学设计打下良好基础。

（一）科学选择英语绘本

在设计绘本阅读教学时，首先，教师要全面认识课堂内容，科学选择英语绘本。绘本是英语阅读教学的主要教具之一，科学选择绘本才能更全面地发挥绘本的力量，实现高效英语阅读课堂。其次，在绘本挑选中，教师应依照教学对象的特点挑选适当的绘本，避免绘本偏离学生实际生活。不要过于看低或高估学生的接受水平，要循序渐进地开展阅读教育，要保护学生对英语阅读课堂的积极性，避免教学难度过低影响学生的积极性，或教学难度过高打击学生的信心。

（二）英语绘本阅读教学前的设计

学生的自制力不强，对于不感兴趣的东西，学生很难注意，因此，在小学阅读教学中，教师应运用恰当的教学方式吸引学生的注意力，如此开展阅读教学，才能达到事半功倍的效果。如在将绘本 *The Seals on the Bus* 引入阅读课堂前，为吸引学生的注意力，教师可利用多媒体为学生播放各种小动物的叫声，引导学生根据叫声猜测动物。这样可引起学生参与课堂的兴趣，为绘本阅读教学的高效开展奠定基础。另外，教师还可利用多媒体为学生播放与绘本相关的视频，使学生直观感受到绘本的内容，为绘本教学的开展奠定坚实的基础。

（三）英语绘本阅读过程的设计

在引起学生的参与兴趣之后，教师可运用科学的教学方式向学生输出绘本内容，以此发挥绘本的推动力，使学生在情境中快速掌握语言知识。教师可采用以下两种输出方式：其一，教师表演；其二，学生自主阅读。前者主要是指教师根据绘本内容，以肢体动作、语言起伏等形式演绎绘本故事，并融入自身对绘本的理解，将绘本内容生动地传达给学生，实现知识的输出。如在 *Eat Your Peas* 绘本阅读教学中，教师可进行如下演绎：教师扮演妈妈的角色以商量的语气要求小女孩："Eat you peas." 扮演黛西的学生不情愿地向妈妈诉说："I don't like peas." 教师叹气道："If you eat your peas, you could have some puddings." 并拿出一个布丁向学生展示，使学生容易理解语句内容……通过生动的演绎，学生大概了解了绘本故事的基本信息，对绘本有了基本的印象，从而吸引学生深入探索绘本故事。后者主要是指学生自主完成绘本阅读，并自主发现绘本内的信息。如在阅读绘本 *Brown Bear, Brown Bear, What Do You See?* 之前，教师可向学生提出以下问题：What does Brown Bear see? How many animals have appeared in the story? What are they? 学生带着问题阅读绘本，深入探究绘本故事，并找寻答案。教师通过这种方式充分将绘本信息输送给学生，实现高效的阅读课堂。

四、总结

总而言之，在小学英语阅读教学中，英语绘本发挥了重要作用，其儿童性、真实性与节奏性符合当前学生的兴趣特点，有利于提高学生注意力，提高课堂教学效率。因此，在小学英语阅读课堂上，教师应积极选择适当的绘本，以多种方式激发学生对绘本的兴趣，并以科学的方式向学生输出绘本内容，发挥绘本的教育作用，提高学生的英语阅读能力。

参考文献

［1］吴雅玲.小学英文绘本阅读教学设计现状及对策研究［D］.上海：上海师范大学,2018.

［2］吴昕哲.小学英语绘本阅读教学设计探究［J］.英语教师,2018（06）：92—95.

［3］廖小莉.小学英语绘本阅读教学活动设计［J］.校园英语,2018（08）：145.

［4］曹园园.小学英语绘本阅读教学的有效实践［J］.文教资料,2017（Z2）：239—240.

新课改背景下的小学生英语学业评价

《义务教育英语课程标准（2011年版）》指出，小学英语教学评价的主要目的是激励学生的学习兴趣和自信心，评价形式具有多样性和可选择性，评价应以形成性为主，重点评价学生平时参与各种英语教学活动的表现。评价是英语课程的重要组成部分，建立以促进学生发展为目标的评价体系是推动课改的关键。

一、传统学业评价存在的问题

传统的英语学业评价主要表现为：评价目标过度强调学科知识体系，忽视人文性，以测试作为评价的唯一形式，注重对单纯语言知识结构的考核，重结果，重成绩，重甄别与淘汰；日常大量的教学活动以考试为中心，忽视对学生学习过程的考核；评价方法单调，对其他考核方式和评价方法不够重视；学生基本处于被动地位，自尊心、自信心得不到很好的保护，主观能动性得不到很好的发挥。

二、英语学业评价新理念

以学生的综合语言能力发展为目标，确定学生在各类评价活动中积极参与合作的主体地位，否定以单一的学科知识体系为目标的评价思路。在教学中，我们对学生评价目标的设定是采用多元的评价手段，根据社会发展需要和知识经济的时代特征，改变过去以考试作为评价学生的唯一手段的状况，运用多种方法综合评价学生在情感态度、学习策略、知识技能等方面的变化与进步，逐步建立起教师、学生和家长共同参与的既重结果又重过程的多元评价体系，从而促进学生全面、和谐发展。通过多元化的评价内容和多样化的评价方式，我们有效地发掘了学生多方面的潜能，在教学中尽可能地满足学生学习发展中的需求。比如，在过程性评价中，我们采用了日常评价表、教师评语、家长评语和评价手册等灵活的评价方式，从多方面对学生进行评价，收到了很好的效果。

三、评价的内容和方法

在课程改革中，根据英语学科的特点，我们逐步构建了评价内容多元化和评价方法多样化的评价体系，通过形成性评价和终结性评价等形式，对学生的情感态度、学习策略、能力发展水平、基础知识和技能进行综合测评。

（一）形成性评价

形成性评价主要是对学生学习过程中的情感态度、学习策略、能力发展水平等做出评价。评价方法是在任课教师的指导下，采用多元的、开放式的评价手段，通过学生自评、互评、教师评价及家长评价，建立能够反映每一个学生能力发展过程和结果的成长记录袋。在形成性评价中，我们主要考查学生学习英语的态度、参与英语课堂活动的积极程度、独立思考主动探究的能力、与他人合作交流的能力、完成书面作业的情况及综合运用语言知识的能力。在评价过程中，我们既注重学生在课堂学习中的过程评价，又注重学生的课后自主学习评价。在课堂评价过程中，我们充分发挥了课题组的专用书籍——《小学英语评价手册》的作用，以它为蓝本，根据它提供的各项任务的操作程序、学生的表现及基本的评分标准，对学生完成任务过程中所表现出来的熟练程度、学习策略及情感态度以鼓励的态度进行综合评定。在课后自主学习过程中，我们也从多个层面对学生进行评价。如对学生英文日记的评价，教师主要对文章的语法、句子结构、篇章结构和书写等进行评价，给出合适的评语，然后由学生自己在课堂上朗读出来，其他同学从其语音、语调、表情等方面进行评价，并把结果记录在该同学的日常评价表上；在评价英语手抄报时，则着重从版面设计、文章安排、插图、书写等方面进行评价；对英语话剧表演的评价则从学生综合运用语言的能力、表情、动作、服饰等方面进行。我们每天会发一张《每日评价表》（也可考虑由学生自己打印或制作），上面的内容有课堂学习过程评价、课后自主学习评价，评价的方式有学生自评、学生互评、教师评价和家长评价。每天，我们都通过这张《每日评价表》对学生进行综合评价；到了周末，再进行一周总评；到了学期末，再根据学生的成长记录进行学期评定。形成性评价关注学生的个性差异，对于激发学生的学习兴趣、培养学生良好的学习习惯、引导学生反思和矫正学习方法、促进学生的个性化发展起到了积极的作用，从而有效地发挥了评价在促进学生能力发展方面的功能。

（二）终结性评价

终结性评价主要包括对学生运用知识理解问题的能力、英语听说能力、口语表达能力和写作能力的测试，主要是考查学生动脑、动口、动手的能力，即思维能力、表达能力、动手操作能力。测试的主要方式包括口试、听力考试和笔试等。在口试中，我们主要考查学生实际运用所学语言的能力，考查内容贴近学生生活。口语测试的方法是：让学生根据给定的题目进行表达，如介绍自己的父母、自己的班级、自己的朋友等，或让学生朗读一段文章等，旨在考查学生的口语表达能力。听力测试则着重检测学生理解和获取信息的能力，而脱离语境的单纯辨音题是不作为考试内容的，如听录音，根据录音内容判断图的对错，或听录音理解短文意思，等等。笔试主要考查学生读与写的技能，对于单纯的语音知识题和单纯的语法知识题我们要尽量避免，要增加具有语境的应用型试题，适当减少客观题，增加主观题。如在考试中，我们删掉了连词成句、对画线部分提问等题型，增加了情境题等。

（三）成绩认定

根据上述评价，教师最后对学生的英语成绩进行认定，用公式表示为：英语成绩=形成性评价成绩+终结性评价成绩。成绩的认定采用"等级+评语"的方式，将评价结果记入学生成长档案，并通过"学生手册"反馈给学生家长。等级划分标准由教师根据学生相应的层次而定，评语在教师对收集到的学生资料进行分析，并与同学、家长交流和沟通的基础上产生。在写评语时，教师要用激励性的语言客观描述学生的进步、潜能及不足；同时提出明确、简要的促进学生发展的改进要求，帮助学生认识自我，树立自信。如学生小李，根据同学、教师、家长平时对他的评价，结合学期末的综合性测试成绩，他得到的学期末的成绩评定是B，评语是：你是个性格开朗、爱说话的孩子，喜欢上英语课，最让老师开心的是，每次的课堂对话表演，你常常有让人意想不到的妙语，还有你那地道的语音、语调，滑稽的表情，也赢得了同学们的阵阵掌声。如果今后做作业、考试时能细致认真一些，平时在家能多读、多听英语，你会表现得更好，老师期待你更大的进步。

小学生英语成绩的多元化评价是课程改革的趋势，它既关注了学生的学习结果，又关注了学生的学习发展过程，充分反映了学生综合素质发展水平；突破了以往终结性评价"一锤定音"的评价模式，将学生能力发展水平、情感态度、学习策略等纳入评价范畴，不仅使评价更为全面，也促进了教师和家长教育观念的转变，促进了学生综合素质的提高。

参考文献

编写组.小学英语评价手册［Z］.北京：人民教育出版社，2002.

学会阅读 享受阅读
——记小学五年级一节英语阅读课

　　小学阶段英语阅读课的主要目的在于激发和培养学生阅读的兴趣，使学生读懂英语读物，享受阅读的快乐，帮助学生在阅读学习过程中形成有效的阅读策略。笔者曾指导一名青年教师讲了一节五年级的英语阅读课，在备课、上课、评课的过程中，使其收获颇多。讲授的内容是人教PEP版小学五年级《英语》上册Unit 6 In a nature park。这是一个对话形式的阅读文本，执教教师通过传授阅读技巧，利用生活资源活用教材，教会学生阅读并享受阅读。下面，笔者主要从阅读教学的三大环节来谈谈在课堂上让学生学会阅读、享受阅读的一些做法。

一、阅读前——利用资源，让学生学会阅读

【教学片段1】

　　在教学开始时，执教教师由现实入手，通过朋友来看望她，她带领朋友们参观茂名市为线索，将学生逐步引入教学。

　　Teacher: I'm very happy today. My good friends are coming to visit me. Look at the screen. Who are they?

　　学生猜测教师好朋友的名字。

　　Teacher:（电脑呈现好朋友的头像）Oh, they are Chen Jie, Sarah and Deng Ming. They come from the village.They are going to have a sightseeing tour of

Maoming City. Let's go with them.

电脑呈现茂名市的风光，师生用"there be"句型进行复习。

Teacher: Where is it?

Students: It's Xinhu Park.

Teacher: Is there a tall tree?

Students: Yes, there is.

Teacher: Are there any fishes in the river?

Students: Yes, there are.

Teacher: Are there any tall buildings?

Student 1: No, there aren't.

Teacher: Thank you. Can you ask any questions?

…

【教学评析】

在阅读前让学生扩充相应的背景知识是提高学生阅读理解能力的关键手段之一。很多研究表明，如果阅读语篇涉及学生熟悉的主题，他们就能顺利理解文章中的信息；相反，如果他们不熟悉语篇主题，就会出现障碍。因此，阅读前必须尽可能利用现实资源，让学生扩充背景知识，教会学生阅读。在上述教学片段中，师生问答活动进行一两轮后，执教教师把提问的权力交给学生，由学生之间根据课件内容用"there be"句型进行问答，当学生提到与阅读材料有关的句型时，执教教师板书相关句子，同时带读。这样一环扣一环，教师充分利用现实资源，扩充学生的生活背景知识，教会学生阅读的技巧，为阅读材料做铺垫。

现实生活资源是一种潜在的文化背景知识，是对课文内容的一种拓展，是学生理解阅读内容的铺垫与延续。要使学生学会阅读，就要巧妙利用现实资源，让学生展开想象，如此才能帮助学生快速了解课文的主要内容，掌握语篇中所蕴含的主要意思。例如在人教PEP版小学五年级《英语》上册Unit 6 In a nature park中的Part B Read and write中，文章中的主线索是画一幅公园的图，学生单靠读课文去理解，会很枯燥、乏味。如果在阅读前引导学生说一说自己的假期，甚至拿些假期拍的相片来说一说，大家一起分享假期开心的事，再来学习课文，就能很快理解语篇的意思，对文章的阅读理解就会达到事半功倍的效果，从而实现高质量的阅读。

人教PEP版小学英语教材每个单元都有一个主题，如爱好、生日、水果等，在平时的阅读教学中，教师可以事先让学生查找并收集相关的背景文化信息，课前同学相互交流。这也是一种有效扩充学生背景文化知识，让学生学会阅读，提高阅读教学质量的方式。

二、阅读中——讲练结合，让学生享受阅读

【教学片段2】

在教学过程中，执教教师继续根据"朋友"这条线索，通过多媒体课件，让朋友介绍自己的家乡，引出教学内容。

Teacher: Sarah, Chen Jie and Deng Ming come from the village. Listen carefully. What are their villages like?

学生看动画片，做简单记录。

看完第一遍后，师生之间做Yes或No的简单问答，然后进行第二遍详读与第三遍精读。

【教学评析】

课内阅读教学是以教材为主线，引导学生探索知识、享受阅读的过程。教师在课堂中主要是培养学生的阅读技巧、阅读习惯，增强学生学习的兴趣，让他们在愉快的阅读环境中提高自主学习的能力，为今后的学习打好基础。阅读与训练是不可分割的，多层次、多角度的阅读能让学生更快、更有效地读活课文，享受阅读。在这节课中，执教教师运用泛读、精读等阅读策略，讲练结合，让学生读活教材，更快、更好地掌握阅读技巧，培养良好的阅读习惯。学生学会阅读、享受阅读的关键是要做到"泛读、精读、演读、速读"四合一。在阅读中，学生如果每一次都能做到"四合一"，那么，他不仅学会了阅读，还能享受阅读。

（一）泛读

教师在学生读完一遍阅读材料后提出简单的问题，让学生判断。这样有

助于学生理解课文的大概内容，有助于培养学生自主学习的能力；既能培养学生快速捕捉关键信息的能力，又能增强学生阅读的自信心，激发他们阅读的兴趣，从而获得阅读的快乐。

（二）精读

教师根据阅读内容提出相应的问题，学生认真进行第二次阅读并回答问题。学生只有在被给予难度与其能力和水平相当的任务时，才会学得更好。精读是阅读教学的关键环节，在这个环节中，学生不仅要读通课文，还要读懂课文。在精读过程中，教师围绕阅读材料给出阅读任务，能够使学生的阅读思维更加活跃，从而有效促进其阅读理解能力的提高，让学生更好地享受阅读的快乐。

（三）演读

在掌握阅读材料后，学生以小组为单位，再次深入课文，通过表演直观表现课文的内容，读活了课文，提高了学生语言综合运用的能力，学生在表演中极大地获得了阅读所带来的满足感。

（四）速读

速读是学生阅读能力的一种体现。在学生充分理解课文的基础上，教师利用比赛的方式让学生按时间（在规定次数中所用的时间）或按数量（在规定时间里读课文的次数）认真读课文，不仅能加深学生对课文内容的记忆，也能为以后的阅读学习做铺垫。这种竞赛活动迎合了学生的兴趣，给他们两三分钟的时间，他们便能在比赛中提高速度，读出乐趣。

三、阅读后——围绕生活，有效延伸阅读

【教学片段3】

完成教材内容后，执教教师给出一篇课外阅读材料*The Village Mouse and the City Mouse*，把课堂气氛推上了高潮。

Teacher: A village mouse comes to visit a city mouse. They are talking about the city and village. Let's read the passage. What's the city like and how is the village?

学生运用在阅读中所学的阅读技巧、策略来阅读课外材料，快速找出文中

的关键词，完成教师设计的问题。

【教学评析】

城市老鼠与农村老鼠的出现，巧妙地把本节课的内容和前面几个课时的内容结合起来，通过它们的眼睛、嘴巴，细致地描述了city与village的风土人情，它们家乡的区别其实就是城市与农村的区别。这种把所学知识升华到现实生活的阅读教学是课本内容的一种有效延伸，是对教学内容的拓展，更能真实地激发学生阅读的兴趣。

四、思索

这节课的成功之处就在于它紧紧围绕"农村朋友来看望城市朋友"这一教学主线，让学生紧跟着教师的思路，用身边的事物进行对比学习，培养学习兴趣和自主学习能力，学会阅读和享受阅读。但是，任何事情都有它的两面性，一节阅读课除了读，还应该涉及写的环节，阅读课中要注意"以读导写、以写促读"的问题。

1. 比一比，辩一辩

在最后的教学环节中，学生通过城市与农村的对比，分组说说各自的利与弊：我们今后是居住在农村好还是城市好？为了让我们的居住环境更美好，我们该怎么做？

2. 读一读，写一写

"以读导写"：教师指导学生通过阅读了解一定的写作方法、写作技巧和写作规律，然后将其运用到写作中，从而提高写作能力。"以写促读"：教师设计一些需要通过阅读来完成的写作任务，激发学生阅读的动机。通过读写训练，学生不但从阅读中学会写作，还在完成写作任务的过程中进行了大量的阅读。

课堂即生活，是师生共同的舞台，充满了感情色彩。在每一节阅读课中，我们要让学生享受课堂的乐趣，让他们的阅读技巧、阅读策略在快乐中升华！

参考文献

[1] 英语课程标准研制组.全日制义务教育英语课程标准解读（实验稿）［M］.北京：北京师范大学出版社，2002.

[2] 安凤岐，梁承锋.小学英语新课程教学法［M］.北京：首都师范大学出版社，2004.

[3] 沈丹莹.小学英语初始阶段认读能力培养的探索与研究［J］.中小学外语教学（小学篇），2005（07）.

[4] 高敏，吴佩怡.小学英语教学中的分享阅读［J］.中小学外语教学（小学篇），2006（03）.

[5] 陈凯莲.KWL教学法在小学高年级阅读教学中的应用［J］.广州教学研究，2006（04）.

英语课堂教学中的形成性评价

《基础教育课程改革纲要（试行）》指出，评价不仅要关注学生的学业成绩，而且要发现和发展学生多方面的潜能，了解学生发展中的需求，帮助学生认识自我，建立自信。发挥评价的教育功能，促进学生在原有水平上的发展。

对学生进行学习评价是英语教学过程中的一个重要环节，是评价学生在学习过程中使用所学知识进行学习活动的情况。我们对学生的评价随时随地进行：学校里的考试分数，作业的批语，各种活动的小结，学期末的评语，教师与学生的个别谈话……总之，评价对学生学会学习、学会做人、学会生活的全过程起着至关重要的作用。

在教学中，我们要针对每一课时的需要和学生的实际情况选择并使用不同的评价方法，充分发挥评价促进发展的功能，使学生在学习和评价中不断体验成功，认识自我，建立自信，得到全面的发展。在课堂上，我们要对学生的知识、智力和情感等进行全方位的评价，变单一的教师评价为教师评价、学生自评和学生互评相结合；教师从"教官"的角色转变为"合作者"的角色；学生由被动的受评者变为主动参与者，通过自评、互评和师评，不断反思，形成有效的、符合个性特点的学习策略，最终成为学习的主人。这种评价就是"形成性评价"，它充分体现了"以人为本"和"以学生为主体"的全新教育理念。

一、什么是形成性评价

形成性评价（formative evaluation）是相对于传统的终结性评价（summative evaluation）而言的。所谓形成性评价，即对学生日常学习过程中的表现、所取得的成绩及所反映的情感、态度、策略等方面的发展做出的评价，是基于对学生学习全过程的持续观察、记录、反思而做出的发展性评价。其目的是激励学生学习，帮助学生有效调控自己的学习过程，使学生获得成就感，增强自信心，培养合作精神。形成性评价使学生从被动接受评价转变为评价的主体和积极的参与者。

形成性评价重视对学生学习过程的评估和评判。它通过多种渠道、多种方法收集、综合和分析学生日常学习的信息，了解学生的知识、能力、兴趣和需求，着眼于学生潜力的发掘。它不仅注重对学生认知能力的评价，而且重视对学生情感及行为能力的评价。

评价什么及怎么评价直接关系到教什么和怎么教的问题。英语教学形成性评价注重对学生的英语学习过程进行持续的评价。在不放弃阶段性知识掌握评价的同时，对学生日常学习过程中的表现、所取得的成绩，以及所反映的情感、态度、学习策略等方面的情况进行评价。这样有利于减轻学生的心理负担，提升学生求知的需要及对英语学习的热爱。

二、英语课堂形成性评价的方式

形成性评价的方式有很多，主要的形式有学生自评、小组互评和教师评价。

（一）学生自评

学生自评主要是学生对自己的学习策略、努力程度和学习效果等及它们之间的关系的评价。学生可以从课堂活动、学习过程、学习态度、学习策略等方面对自己的学习状况进行评价。作为课堂教学主体的学生通过自主性评价，不仅能认清自己的长处和短处，弥补不足，发挥优势，还能提高自己的辨析、评判能力，激发学习的动力。

（二）小组互评

合作学习的方式在英语课堂中极为普遍。合作小组成员之间的评价可以起到相互督促、相互学习的作用，有利于激发学生你追我赶的上进心。他人评价在调动学生学习积极性，激发学生思考、探究的同时，锻炼了学生的心理承受能力。通过互评，学生还交流了思考问题的方式方法，学会了如何思考，同时拓宽了自己的思维空间。

（三）教师评价

作为教学的组织者和引导者，教师的评价举足轻重，其每一句评价其实是给学生一条路、一个未来。针对不同层次、不同性格的学生，教师灵活运用多种课堂评价方式，才能收到更好的教育教学效果。教师可随便取出一把"尺子"度量学生的进步，而其鲜活生动的评价直接影响学生的学习动机。在评价时，教师应当设身处地地想到每一个学生做事的心态，尽量多地发现学生的闪光点，尽量多地赞美学生。

1. 教师评价的灵活性

（1）评价理解接受能力较差的学生

对于理解接受能力较差的学生，教师应多采用表扬、鼓励的方法，激发他们的学习兴趣和提高他们的思索能力。每一个学生都有一定程度的自我表现欲，都希望能够被教师认可。那些理解接受能力较差的学生，由于不能准确回答教师的问题而常常被忽视、冷落，长期下来便形成一种自我封闭的性格，表现为课堂不敢举手发言，不说话，也不肯动脑筋思考。对于这类学生，教师应当以表扬、鼓励为主，当其回答问题正确时应及时给予肯定，鼓励其大胆思考、大胆发言。

（2）评价理解能力较强的学生

对于理解能力较强的学生，教师除了鼓励，还应适时鞭策他们，让他们受挫后能继续奋进。这类学生理解能力强，能较好地完成学习任务，但他们易满足现状，爱翘尾巴，容易产生骄傲情绪。教师可适时提出一两个难度大的问题向他们挑战，使其在接受挑战时警醒，鞭策自己。如课堂上学习完课文后，一部分学生已能准确地理解，开始自我满足。教师在表扬的同时要提醒他们："你们只不过是基本理解了课文，能灵活运用了吗？"教师的指导性评价对于学生尤为重要，它不仅贯穿课堂教学，还体现在课后的教学活动中，如学生的作业评语等。指导性评价有助于鼓励、督促学生勤于学习，不断进取。当然，这些评价也离不开学生主体的合作。

2. 教师评价的针对性

为鼓励学生主动参与、合作学习、积极创新，营造一个安全的、生动活泼的课堂教学氛围是必不可少的。但是，如果教师对课堂表现出色的学生进行评价的语言形式单一，只用"Good.""OK.""Wonderful."等概括性语言评价学生，或用当场发小红花之类的评价方式，开始学生们还感到新鲜，时间一长，这种评价就像白开水一样没滋味，成为一种形式。面对不同特点的学生，评价也必须具体化、准确化，即要求教师在教学实践中实现由概括性评价到有针对性评价的转变。如当学生读书读得好时，教师评价时用"You are just like a news reporter."等评价语言，像这样的课堂口头即时评价具有针对性，能促进学生进步，发挥教师促进者的作用。

三、课堂形成性评价的记录

在形成性评价中，我们要认真记录学生在英语学习中的各种表现。例如，学生对听力理解、回答问题、配对练习、小组活动、自由交流等的反应，以及他们学习英语的热情、回答问题的积极性、参与表演的能力与示范的能力，都是需要记录的内容。教师每两三周对每个学生进行一次小结，找出其变化情况并及时反馈给学生。现在强调"任务型学习"的教学理念，即以学生"能做某事"的描述方式设定各级教学目标，这就要求教师在课堂教学中，要对学生完成既定教学目标的情况做好记录，并且根据不同层次的学生设计不同水平的教学目标。当然，记录不必太烦琐，有选择性地进行记录即可。

评价在学生的成长过程中如一根牵着他的线，指引着他学会看路、走路，并有勇气一直正确地走下去。这就意味着学生的学习策略、与他人交往的技巧及知识在日常甚至在文化背景不同的情境中的运用情况都将得到评价。

张正良.发挥形成性评价在英语教学中的作用 [J].考试与评价，2014（09）.

在素质教育中注重培养学生英语听与说的意识

我们学一种语言就是为了能与别人交际。交际的形式有口头交际和书面交际。《小学英语教学大纲》指出，小学英语教学的目的是通过生动活泼的课堂教学活动，对学生进行听、说、读、写训练……培养学生基本的日常会话能力以及拼读、拼写能力。听和说是口头交际，读和写是书面交际。

一、培养学生的英语听、说能力是时代的要求

从目前我国发展的形势来看，我们很多方面都要迎接新的挑战，与其他国家的接触越来越广泛，学生接触英语的机会越来越多，以前的英语教学方式已不适应时代的发展，提高学生用英语进行交际的能力显得更加重要。因此，培养学生的英语听、说能力至关重要。

二、培养学生的英语听、说能力是素质教育的具体表现

从英语教学的角度来看，英语教学应该是口语、书面语并重，但从语言发展的角度来看，我们必须清楚地认识到先有口语后有书面语，即口语是第一性的，文字是第二性的。在我国，英语教学由于受传统教学观念的影响，对听、说教学不够重视。而忽视听、说教学造成的结果是，学生不仅不能在口头上与别人交流，也间接影响他们读、写能力的提高，影响了教学质量的提高，因为学生的英语听、说、读、写能力是相辅相成、互相促进的。有了初步的听、说能力，学生在读、写的时候就不再是机械地记某个词，而是记一个词组或一个完整的句子，而大量的读和写又为听、说能力的培养积累了一定的语言材料。

对学生来说，如果他们能听懂课堂上教师用英语组织的教学和讲授的新

课，也能用英语回答教师的提问或表达自己的思想，他们就能积极地参与课堂的语言实践活动，学习兴趣也就会大大提高。如果学生在实际生活中能用英语解决一些实际问题，如听懂外宾的问题并做出相应的回答，帮助外宾买物品，听懂电台的英语节目，等等，他们学英语的积极性也会大大提高；反之，如果学生的听、说能力差，他们参加班上的语言实践活动就会受到限制，影响学习质量的提高。所以说，听、说能力的培养是提高英语教学质量的关键。

三、培养听、说能力的方法

（一）培养学生良好的听力习惯

1. 及时指导，养成习惯

学生在没有掌握听的要领前，听英语会感到很困难。教师必须及时指导，并介绍有关听力的要领。

（1）养成从开始学习听英语时就要跟上说话人的速度的习惯。学生在有限的时间内准确、快速地理解说话人的意思比较困难，教师要注意不要为让初学英语者听懂每一个词而放慢语速，但也要消除学生因听不懂而紧张的情绪，增强他们听的信心。

（2）培养学生根据上下文猜测词义的能力，不要因为一个单词听不懂就不继续往下听，而要通过整句的意思或上下文来确定单词的意思。

（3）选择符合学生实际语言能力的听力材料激发学生听的兴趣，这有利于学生复习和巩固课堂中所学的语言知识，扩大学生的知识面。

2. 采取多种方法培养听力

（1）通过相似音的听力练习，提高学生的听辨能力，如dark / duck, bag / bat，等等。

（2）充分利用教材内容。让学生听教师用英语介绍的新课主要内容或听课文录音，同时看教师用图画或动作演示，体会课文的意思。

（3）听写。教师用正常的语速对词的重读、弱化按口语的读法朗读，中间不停下来，对个别词、短语或句子重读。

（4）充分利用课堂用语。教师在课堂上尽量使用英语进行教学，学生对在课堂上所听到的语言印象会特别深刻，记忆持久。

（二）培养说的能力是英语教学中的重要环节

口语教学不仅可以活跃学生的思维，激发其兴趣，更能培养学生运用语言和驾驭语言的能力，从而达到教学目的。

1. 采取相应措施，让学养成说的习惯

总体来说，说的能力培养比听、读、写要难些。学生对说英语感到困难，不敢开口，怕说错遭到同学的讥笑。教师要及时帮助学生克服这种心理障碍，培养他们大胆说的习惯，并多创设情境，启发学生用英语进行思考，并进行交际，如：How are you? How's the weather today? What are you doing?

2. 鼓励学生开口，切忌有错即纠

说英语的能力是在大量口语练习的基础上培养的。学生说英语，从不好到好有一个发展的过程。小学生初说英语，由于语汇量少，说错是难免的，也是正常的，教师不可以一发现就立即纠正，也不要在学生没说完时就打断他们，指出错误；而应该在他们说完后，先给予恰如其分的评定，再指出不足之处。

3. 改进教学方法

充分利用课堂时间，尽量使用英语进行灵活多样的教学活动，如每节课开始时进行2分钟英语演讲、句型操练、课文复述、看图说话等。

4. 培养学生的提问能力

交际是双向的，口头交际不但要会答，还要会问。学生的提问过程也是他们用英语进行思考的过程，通过对实物、图画或课文的提问，加强对课文知识的运用。

5. 培养学生根据实际课文情境进行交际的能力

对话是两个人或两个人以上在特定的课文情境中交流思想的一种口头交际形式。现行人教版初中英语教材注重英语的应用能力培养，教材中有很多简短又实用的话题供学生选用，如问路、购物、看病、打电话等。学生可以在背诵课文内容的基础上，记住课文中一些关键的习语，加上教师补充的词组、短语或句子，编一些新的交际情境并模仿表演。如学生学完打电话对话后，可结合实际情况进行模仿的对话练习。

A: Hello. This is 2234568.

B: Hello. This is Tom. May I speak to Mary?

A: Sorry. Mary is not at home.

B: Where is she now?

A: She's in the park.

B: Thank you.

A: You're welcome.

四、开展课外活动，延伸听、说能力的培养

（1）成立第二课堂小组，排练课文小短剧。

（2）开展讲英语故事竞赛活动。

（3）开展听力竞赛活动。

　　培养学生的英语听、说能力，可以进一步激发学生学习英语的兴趣，调动他们的积极性，增强学生的参与意识，发挥他们在教学中的主体作用，体现学生的英语综合素质，也可以培养学生用英语进行初步交际的能力，提高他们灵活运用英语的能力。再者，还可以全面提高英语教学的质量。因此，培养学生的听、说能力是提高教学质量的关键，也是素质教育的一种具体实施形式。

改进教学艺术　提高课堂质量

课堂是教学的主阵地，是学生获取知识、提高能力的主要场所，是实施素质教育的主战场。如今，科目增多，时间减少，以"磨"来换取高分的情况将一去不复返。教师不但要练好"台下十年功"，还要以学生为主体，开展生动活泼、富有成效的任务型课堂教学活动，精讲善练，培养学生主动学习的精神和创新能力，使课堂教学过程成为学生获取知识、形成能力、发展智力和学会学习的过程。

课堂教学是一门艺术。优化课堂教学可以丰富课堂内容，改善课堂状况，激发学生思维，活跃课堂气氛，提高教学质量。

一、教材处理

教材是教学的蓝本，在不同的时间、环境、对象等情况下，教师应根据实际情况在教学过程中对教材做适当的处理。如果教材中每一单元有A、B、C、D等几部分，教师在教学时不必照本宣科，按原顺序来教学，可以先讲A、C，再讲D、B；或先讲D，再讲A、B；或将有联系的几个教学内容连起来上；或根据实际情况对教材进行适当的增、减；等等。这样会使教学更具活力，更有成效。

二、教学方法

英语的教学方法多种多样，如情境教学法、活动教学法、启发教学法、直观教学法、电化教学法、翻译法等。每一种教学法都有自身的优点和局限，教师在课堂教学中应针对每一课的内容和学生特点，有机地结合教学方法去教学。如在教授"Do you have a birthday party every year？"这一句型时，教师可事先了解一下当天有哪位学生过生日，上课时可安排一个即兴的party，给当天过生日的学生送上一个小小的蛋糕，并教学生唱生日祝福歌，从而引出该课的句型教学；或者通过观看VCD，让学生边看边学新句型；等等。

三、课堂提问

在课堂教学中，恰当地运用课堂提问艺术，有助于提高教学质量。课堂提问要注意的几点是：

第一，提问的内容要遵循"明确目标，突出重点"原则，要有目的性、顺序性，对于教学中的重难点要让学生循序渐进地练习，及时提问。

第二，要把握好提问的时机，如果发现学生对新的知识点有疑问，教师应及时进行针对性提问并释疑。

第三，要注意提问的对象。课堂的提问有难有易，针对学习能力有差异的学生，教师的提问要有所选择。有难度的问题可让基础好的学生答，较易的则让学困生锻炼口语，以增强信心。

第四，注意提问的方式。教师提问时切忌单刀直入或自问自答，可用先提问题后叫人的方式，也可用提示、类比等方法，让学生总结、发现。

第五，要注意提问的态度。在课堂上，不少学生对自己缺乏信心，不敢主动举手回答问题，教师应用眼神、手势、微笑来鼓励学生尝试回答，营造良好的学习氛围。

四、课堂节奏的控制

课堂节奏是一节课的张弛度及其有规律的变化幅度。适度的课堂节奏能自始至终吸引学生的注意力，保持学生的热情，使课堂教学跌宕起伏、张弛有度，从而轻松愉快地实现教学目标，完成教学任务。控制课堂节奏主要是把握教学知识容量，合理控制时间。一节课的知识量以学生能够接受、消化为限度。知识量过小，学生吃不饱，节奏松弛，激发不了学生的兴趣；知识量过大，会让学生消化不良，影响学习效果。所以，合理地安排课堂时间，开头、结尾灵活机动，给重点、难点留出充足的时间，才能使课堂教学井然有序。另外，教师还应利用教学机制，调节学生情绪。古人云："教人未见意趣，必不乐学。"在英语教学中，教师应把趣味性放在十分重要的位置，始终让教学保持趣味性，让每个教学环节都"蘸满甜蜜的果酱"，使学生爱学英语，乐学英语。

要提高英语的教学质量，就必须紧紧抓住课堂教学，以学生为中心，充分调动他们的积极性，变"要我学"为"我要学"，提高课堂教学的效率，这样才能实现教学目标。

自主参与　互动合作

——小学英语课堂教学模式的探索

以人为本是当前各国教育改革的共同趋势。基础教育阶段英语教学的任务是激发和培养学生的学习兴趣，发展其自主学习的能力和合作精神，培养其创造能力。如何有效地培养学生的创造个性，发展其创新能力，是广大英语教育工作者重要的研究课题。笔者认为，应从建构新的教学模式入手，努力为学生创设交流情境，诱发学生的好奇心，鼓励学生大胆尝试，丰富学生的想象力，培养学生的创造个性。"自主参与，互动合作"是适应《义务教育英语课程标准（2011年版）》教学基本理念的一种新教学模式。

一、"自主参与，互动合作"的教学模式

"自主参与，互动合作"的教学模式为：创设情境→自主探究→互动合作。

（一）自主参与

1. 创设情境，变"机械接受"为"主动探究"

学起于思，思源于疑，学生有了疑问才会进一步思考问题，才会有所发展，有所创造。苏霍姆林斯基说过："人的心灵深处，总有一种把自己当作发现者、研究者、探索者的固有需要……"在传统教学中，学生主动参与少，被动接受多；学生被束缚在教师、教材、课堂的圈子中，其创造个性受到扼制。因此，在教学中我们提出，学生是教学的主人，教师的教是为学生的学而服务的。教师不但要鼓励学生自主学习，发现问题，大胆发问，还要创设情境，让学生由过去的机械接受变为主动探索，发展他们的创造个性。

（1）自主质疑

爱因斯坦说过："提出一个问题往往比解决一个问题更重要。"学生自主质疑就是不依赖已有的方法和答案，不轻易认同别人的观点，而通过自己独立思考与判断，提出自己独特的见解。这种思维更具挑战性，它打破了习惯、权威的定式，摆脱传统、经验的束缚，在一定程度上推动了学生思维的发展。所以，在英语课堂教学中，教师要积极创设情境，给学生提供尽可能多的独立思考的空间，通过实例让学生获得正确的评价、观点、意见或证据，并做出自己的判断或决定。笔者在教授"Who is taller?"这一内容时，让学生自己通过已学过的形容词（big and small, tall and short, strong and weak），将自己身边的实物进行对比，在学习操练的过程中自己提出疑问，然后合作交流，并在小组中解答，由学生自己总结出形容词比较级的构成及句型的用法，最后教师点评。

（2）探究质疑

遇事不仅要好问，勇于探索，还要培养对已明白的事物继续探究的习惯，这样才能充分激发学生的好奇心和内在的创新欲望，培养学生的探究性思维品质。在英语教学中，教师要针对学生的能力水平，利用学生好奇的心理特点，充分运用教材里现成的材料将学生的思考逐步引向深入，继而提出探究性问题，这是培养创造个性的重点所在。笔者在教授现在进行时时，在学生已掌握动词-ing形式的基础上，通过创设情境，让学生自主总结出动词be的变化。如T问S1: "Hello, S1. Can you sweep the floor?" S1: "Yes, I can." T: "Please sweep the floor." S1拿起扫帚扫地。T指着S1问Ss: "What is S1 doing?" Ss: "He/She is sweeping the floor." T: "S1, what are you doing?" S1: "I'm sweeping the floor."可用同样的方法引出"What are they doing? They are..."。教师出示练习：I _____ sweeping the floor. He _____ sweeping the floor. She _____ sweeping the floor. We _____ sweeping the floor. You _____ sweeping the floor. They _____ sweeping the floor.要求学生用动词be的适当形式填空。学生在逐步地深入探究过程中解决了问题，培养了良好的思维习惯。

2. 主体活动

英语教学的实质是交际，这是通过活动体现的。在课堂教学中发挥主要作用的就是学生参与的主体活动，因此精心设计主体活动是让学生自主参与的关键。教师在组织活动时要了解主体、客体、环境等方面的情况。主体情况指学生的认知水平、英语基础，客体情况指英语特征、教学的目的和内容，环境指英语输入和输出的外部条件。主体活动要根据阶段性教学要求，把主体、客体、环境等联系起来，并找出三者间相互作用的最佳联结点，使学生能够参与、乐于参与，并在参与中得到听、说、读、写方面的有效训练。

学生的英语听、说、读、写基本技能必须通过活动来培养和提高，甚至综合素质的提高也需要通过学生的自主活动得以实现。教师应尽可能地把足够的时间和空间留给学生，调动学生的多种感官。在学习中，学生是学习的主体，教师要做的就是"授之以渔"。师傅领进门，修行靠个人，应创造一切机会尽可能地让学生自行动口、动手、观察、归纳与总结。应把教学内容生活化、课堂教学交际化，开展师生教学的多向交际，将单一的T→Ss 教学模式转换为T→Ss、T→S、Ss→T、S→T、S→Ss、S→S、Ss→S、Ss→Ss网络式的教学模式，把课堂交还给学生，使之成为锻炼学生听、说、读、写能力与发展智力的英语交际场所。只有让学生最大限度地自主参与学习活动，他们的主体作用才能得到充分发挥，兴趣才能持久，知识才能牢固掌握。在教授人教PEP版小学五年级《英语》下册 Unit 1 My day 时，笔者安排了一个课后互访活动，学生通过问答了解同学在周末干什么，并填写表格，在下一节课进行汇报总结。

根据举例编写一段对话，并填写完成表格

Name	Activities
Sarah	do homework
…	…

Ben: Hello, Sarah. Nice to see you.

Sarah: Nice to see you, too.

Ben: What do you usually do on the weekend?

Sarah: I usually do my homework.

Ben: What about your mother?

Sarah: She often goes shopping.

…

在此项活动中，学生的听、说、读、写能力得到了综合训练，进一步提高了自身水平。

（二）互动合作

1. 合作学习

实践证明，儿童具有喜欢与人交往、喜欢表现自己的心理特征。教师有计划地组织学生讨论，为他们提供思想摩擦与碰撞的空间，可为学生的学习搭建更为开放的舞台。创造心理学研究表明，讨论、争论、辩论有利于创造思维的发展，学生在独立思考的基础上集体合作，更有利于思维的活跃。

学生之间互相交流是培养学生横向发散思维的一种方式，是训练学生拓宽思路的有效手段，也是开拓学生创造性思维的主要途径。学生在合作交流学习中最易出现一问多解的精彩局面，由于同学间的相互启发，思维由集中转向发散，由发散转向集中。美国心理学家吉尔福特认为，发散思维与创造力有直接关系，它可以使学生思维灵活，思路开阔；而集中式思维具有普遍性、稳定性、持久性的迁移效果，是学生掌握规律性知识的重要思维方式。笔者在教授人教PEP版小学五年级《英语》下册 Unit 2 My favourite season Part B Read and write时，要求学生回答：What's Zip's favourite season? Why? What does Zoom like best? Why? 然后通过表格形式让学生进行交流：What's your favourite season? Why? 大家在小组内进行问答，并由小组长汇总。在交流学习的过程中，学生思维的严密性与灵活性都得到了提高，同时促进了创造思维的发展。

2. 互动学习

在教学中，教师组织学生互动学习，有利于发挥每个人的长处。在合作中，学生之间相互启发，相互讨论、学习，思维由集中转向发散，又由发散转向集中，个人思维在集体智慧中得到发展，集体智慧又在个人思维中得到升华。同学间相互弥补、借鉴、启发、点拨，形成立体的、交互的思维网络，往往会产生1+1>2的效果。笔者在教授"Do you like...? "这一内容时，把学生按照"一好、两中、一差"进行分组搭配，让学生充分发挥各自优势，利用"合作互动"，互相吸取同学的思想精华，用英语表达自己的情感，如"What do you like? Do you like...? "经过这样的内化练习，不同层次的学生都很好地完成了学习任务。

二、"自主参与，互动合作"实施过程中要注意的问题

（一）充分认识教师的主导作用

教师在教学中只起主导作用，既不包揽知识的传授，又不独自指挥全部的教学活动。教师扮演着三重角色：

（1）积极的参与者——真诚投入活动，贡献意见或经验。

（2）语言的把关者——在词汇、语法或表达方面为学生提供帮助并把关，及时促进学生的高效学习。

（3）资源的帮助者——对学生准备的材料进行课前帮助、课后点评。

（二）尽量激发学生的兴趣

兴趣是推动学习的内在力量，学生的学习兴趣是学习的强大动力。"兴趣是最好的老师"，实际上，兴趣是一种积极的认识倾向，是一种复杂的个性品质，推动人去探求新的知识，发展新的能力。使学生获得持久的兴趣，是促进其主体性发展的基本条件。

在英语教学中，教师要针对学生的能力水平，利用儿童好奇的心理特点，充分运用教材里现成的材料将学生的思考逐步引向深入，继而提出探究性问题，激发学生的学习兴趣。根据学生的年龄特点，教师在教学中要充分创设学习情境，利用电教手段和直观教具形象、有层次地将所教内容展现在学生面前。可将传统教学媒介（教材、实物、图片等）与现代教学媒介（电视、录音、电脑等）相结合，强化学生的视听感受，做到能听的让他们听、能看的让他们看、能摸的让他们摸，充分发挥多种感官的作用，让学生全身心地投入教学活动中，激发兴趣，激发求知欲，使学生在愉快和谐的教学氛围中满怀激情地学习，较好地实现教学目标。

（三）突出学生主体，尊重个体差异

马克思认为，人的本质属性从根本上说是人的主体性。教育中的主体性是指学生在主体意识的指导下，主动参与教育活动的能动性。创造性是人的能动性、独立自主性的集中反映，是主体性发展的最高表现。学生是学习的主体，现今社会的开放和发展，要求重视和发展学生的主体性。我们面对的小学生是处于生长发展过程中的儿童，他们的主体意识、主动作用于客体的能力相对于成人而言比较弱，应该说他们是一个发展中的主体，是有待进一步开发、培养、提

高和引导的主体。因此，教师应把启动人的本质属性——主体性作为落实素质教育、提高学生素质的主要着力点，在课堂教学中尊重和培养学生的主体意识和主动精神，让学生成为学习的主人。更重要的是，教师要通过多种途径引导学生从被动接受中走出来，唤醒自主意识，把自身当作认识的对象，促进主体性发展。

三、"自主参与，互动合作"在英语课堂教学中的初步效果

（1）在教学中关注了每个学生的情感，激发他们学习英语的兴趣，帮助他们建立学习的成就感和自信心。

（2）整个教学突出了以学生为主体的思想，学生在教师的指导下学习知识、提高技能、活跃思维、展现个性。

（3）体现了任务型的教学理念，学生在教师的指导下，通过感知、体验、实践、参与和合作等方式实现目标，感受成功。

（4）教学过程以形成性评价为主，尊重学生个体差异，培养和激发学生学习的积极性和自信心。

（5）拓展了学生学习和运用英语的渠道，鼓励和支持学生主动参与课程资源的开发和利用。

当今世界，以信息技术为主要标志的科技手段日新月异。社会生活的信息化和经济活动的全球化使外语特别是英语日益成为我国对外开放和国际交流的重要工具。在课堂中，学生们自主参与学习活动，合作性地互动交流，将为他们今后用英语进行交际奠定坚实的基础，也为他们今后的发展铺平道路。

参考文献

[1] 英语课程标准研制组.全日制义务教育英语课程标准解读（实验稿）[M].北京：北京师范大学出版社，2002.

[2] Jill Hadfield.牛津英语教师宝库[M].上海：华东师范大学出版社，1998.

[3] 高文.教学模式论[M].上海：上海教育出版社，2002.

[4] 顾明远，孟繁华.国际教育新理念[M].海口：海南出版社，2001.

专业成长

中篇

对话·感悟·成长

——2018年广东省跨区域合作中小学卓越教师高端研修第二阶段总结

忆江南，最忆杭州。杭州，有我成长的足迹。草长莺飞、春暖花开的三月天，我们再一次出发，来到素有"天堂"之称的杭州，进行为期10天的跨区域高端培训。

7场专家讲座，6节实践课例，过万字的学习笔记，我们学习虽累但很充实。短短10天的学习，一场场与专家深度对话的专业研修，宛如一顿顿豁然顿悟的文化"饕餮大餐"！

我们最完美的状态不是我们从不失误，而是我们从没有放弃成长。我们可以不成功，但一定要成长。

一、理论成长

此次研修，我听了7场专家讲座，从张志伟所长的"实在、实际、有实效的教研活动"到方张松主任的"理想课堂"，从与王莺教师"深度对话"展开课堂教学新追求，到享受石其乐教授的"数字媒体"，并渗透郑建华副校长的"STEM课程"，最后和周仁娣老师一起"关注学生的生命成长"。当然，能写成论文发表于吴颂华主编的《教学月刊》会更好。

（一）有爱心

教育无小事。每一名教育工作者必须"以生为本"，把每一个孩子培养成幸福的人，关注他们的生命成长，为他们的生命护航。

（二）有活动

教研活动要实际、实在，讲求实效，教研要落地。集体备课要有指向，要从教师的实际情况出发，教师才能课前有思考，课后有收获。

（三）有智慧

在传统的课堂教学中，有些教师重"教"轻"学"，单纯传授学科知识，忽视学生自学能力的培养。有些学生只"学"不"问"，被动地接受课堂内容，缺乏自主支配的学习时间。有些学校延长教学时间，甚至在周末和节假日组织集中补课；有些学校以教考分离、统考排名为手段来督促教师。有些教师处于焦虑状态，找不到教学方向。我们要做的就是转变观念，以学促教，用智慧指导教学，让学生当课堂的主人。作为教师，我们的任何一个行为、一段话语、一个表情对学生来说都有可能点燃他们心中希望的火把，也有可能让他们灰心丧气，失去信心。教师只有不断学习，不断进步，虚怀若谷，增加自己的教育智慧，开阔心胸，开阔自己的视野，才有可能建构理想的课堂，创造理想的课程，打造理想的班级和校园文化。教师要有专业的厚度、阅读的广度、读心的技术，才能真正地读懂学生，教书育人。

（四）有技术

生活中发生的大多数问题需要应用多种学科的知识来共同解决。在现代教育的新形势下，我们教师的教与学生的学都与媒体密不可分。郑建华副校长的专题报告《让STEM与孩子有心灵的触碰》和石其乐教授的讲座《数字媒体及其最新发展》，让我们领略了全媒体时代的教学魅力。人工智能已经成为历史的浪潮，就像人类无法对抗大自然一样。在这样一个时代，教师不会被人工智能淘汰，但会被懂人工智能的教师淘汰。我们必须要学习先进的数字媒体技术，利用数字媒体技术促进自身教学的转变，丰富教学手段，让学生受益。

（五）有成果

在教学一线的我们，积累了很多教学实例，接触了很多先进的教学理论。撰写规范的论文，打通投稿和发表渠道，将为我们搭建更高的人生平台。

二、实践成长

纸上得来终觉浅，绝知此事要躬行。走进课堂见证实践，他山之石可以攻

玉 。我们分别到三所学校跟岗学习：杭州长江实验小学、杭州文苑小学、杭州市文一街小学。

我们在跟岗学校听了6节课例，其中有3节英语课。在这些课中，我们看到了英语工具性和人文性的高度融合。

在"Last Weekend"一课中，李老师就像是一位经验丰富的导演，通过听、读、问、写、论等方式引导孩子们根据关键词理解、拓展课文。在输出环节，孩子们模仿课文给酒店经理写信，反映自己住店的经历、不满与建议。他们的英语表达顺畅，口语地道，态度积极，展现了课堂主体的风采。

在"Weather"一课中，马老师从学生生活经验出发，创设情境，带领学生跟随主人公Mark开启"悉尼—北京—伦敦—多伦多—纽约"的"环球旅行"，并注重文化知识的渗透，引导学生层层深入地进行对话，使学生的语言能力得到了很大的提升。

"Friends"的执教者鲁老师通过层层深入，引导学生根据图片在逐步建构故事、复述故事、领悟故事，发展学生语言能力的同时，提升了他们的学习兴趣。

教师们上课的方法、策略和课堂设计可圈可点，学生的表达和思维能力极强，令我受益匪浅。教师们精彩的课堂表现与杭州各学校系统的教研制度和强大的团队教研是密不可分的。

三、身心成长

感谢在研修路上每一个指引、帮助过我的师长、家人、同伴。因为有你们，所以我的每一次出发才能成就每一次蜕变，我的每一次蜕变就是一次成长。同时，感谢自己，虽然平凡，但是拒绝平庸。我相信"你若盛开，蝴蝶自来"。

四、与君共勉

复杂的事情简单做，我们成为名师；

简单的事情认真做，我们成为卓越的教师；

认真的事情重复做，我们将会成为专家；

重复的事情创造性地做，我们会成为大赢家！

互联网+教师专业发展

提到互联网，相信大家都会笑，这个东西，熟着呢！"双十一"剁手都是因为它。那么，互联网跟教师专业发展有什么关系呢？马云说过："互联网不仅仅是一种技术，不仅仅是一种产业，更是一种思想，是一种价值观。"随着新课程改革的推进，当我们身边的现实资源再也无法满足我们教学的需要时，互联网就成了教师专业发展重要的倚仗。

2015年7月4日，国务院正式颁布了《国务院关于积极推进"互联网+"行动的指导意见》，明确指出"互联网+教育"的重点行动是探索新型教育服务供给方式。2015年9月，教育部向各省市发布了《关于"十三五"期间全面深入推进教育信息化工作的指导意见（征求意见稿）》。教育部高度重视国家实施"互联网+"战略的历史机遇，着力构建网络化、数字化、个性化、终身化的教育体系，提出建设"人人皆学、处处能学、时时可学"的学习型社会，培养大批创新人才，促进学生的全面发展，形成与教育现代化发展目标相适应的教育信息化体系，充分发挥信息技术对教育的革命性影响作用。

一、教师专业发展

（一）什么是教师专业发展

教师专业发展指教师在专业思想、专业知识、专业能力等方面不断发展和完善的过程，是教师不断接受新知识、增长专业技能的过程，是教师的职业理想、职业道德、职业情感、社会责任感不断成熟、不断提升、不断创新的过程。

（二）教师专业发展的主要内容

1. 知识系统

专业知识是形成专业标准的依据，是专业结构中的重要组成部分。教师的专业知识由普通文化知识、学科专业知识、教育教学知识、教学实践知识组成。

2. 教育实践能力和教育科研能力

教育实践能力是衡量教师专业能力水平的一项重要指标，是专业能力中的核心内容，包括表达能力、组织能力和学科教学能力等。

教育科研能力是教育实践与教育理论密切结合的体现，是教师专业发展的基本保证。

3. 积极情感和高尚人格

教师的积极情感和高尚人格是影响教育教学效果的重要因素，是教师专业活动和行为的动力系统。教师的积极情感会产生"皮格马利翁效应"，感染学生，潜移默化地影响学生。

二、教师专业发展的途径

（一）阅读，为成长拓宽思路

一些教师觉得，我们每天要上课、阅卷、改作业、写教案，还要应付学校的一些事情，在家要管好孩子、老人，我们真的很不容易，也根本没有时间读书。然而，我们发现，但凡名家，他们每年都有固定的阅读量，固定的阅读时间。那么，教师到底应该读哪些书籍呢？结合"教师专业成长"，我们可以把书籍分成三类。第一类是教育理论书籍。要想成为一名优秀的教师，必须有深厚的理论基础。如苏霍姆林斯基的著作，特别是《给教师的建议》，是教师专业成长阅读的开始。还有《陶行知教育名篇》《第56号教室的奇迹》等。第二类是与学科密切相关的书籍或期刊，比如说《听余映潮老师讲课》等。第三类是中外名著，如《论语》等，这一类的书籍会让教师在教学过程中形成不同视角。在高度信息化的今天，网络充实了教师的生活，渐渐地成为教师使用起来方便快捷的、能够与人的思维同步的、不可或缺的工具。著名教育专家徐锡良教授说："现在从不上网的教师，不是好教师。"在网络上，我们可以通过

QQ、论坛、博客等多种形式，直接与大师名家对话，与优秀教师交流，甚至能够与全世界最优秀的、最有智慧的专家进行交流。

（二）写作，为成长留下足迹

写作，表面看来只是教师随时随地地把所思、所想、所感记录下来，其实是教师在书写自己的职业和生命传奇。

新教育实验的发起人朱永新教授认为，写作可以作为实现教师专业发展的最优化的路径。调查结果显示，大部分名家每年的写作量在10万字以上。他们每年会在公开刊物上发表文章，虽然每个人发表的篇数不同，但是他们将公开发表作为自己的一种追求。就像华南师范大学刘良华教授所说的："教师是否能够'公开发表'自己的声音，已经成为影响教师的行动研究能够走多远的一个决定性因素。"教师的专业写作呈现两个特点：第一是"专业性"，即它是"面向教育事实本身"的写作，应该把它看作自己教育生涯的一部分，整个过程应该是写作磨砺、专业发展、教育生命对话的过程。我们提倡"面向教育事实本身"来记录自己的阅读日志、观察日志和行动研究日志，通过这些日志和反思来改进自己的教育实践。叙事研究不同于文学意义上的讲故事，它的目的在于接近教育时空里发生的各种"真相"。"讲故事"与教育叙事研究之间存在一定距离。教师要努力实现一次跨越，实现从"现场文本"到"研究文本"的转变，努力从自己所关注的事件和经验中解读内在的学术和理论意义。很多名师正是跨出了这一步，才踏上了"专业发展的快车道"。第二是"日常性"，即教师把写作当作自己的需要并养成习惯，通过每天的写作点点滴滴地积累教育心得，而不是为了应付检查才去写总结和论文。一线教师每天都有或多或少、或深或浅又非常生动、珍贵、特有的实践和感受。拿起笔来，虽然只是一个小小的动作，但是能促使写作者慢慢地摒弃外在的浮华和自己内心的浮躁。伟大的教育家苏霍姆林斯基正是几十年如一日地坚持写教育日记，才使他的著作被后人称为"活的教育学""教育百科全书"。苏霍姆林斯基建议："每一位教师都要写教育日记。教育日记并不是什么对它提出某些格式要求的官方文献，而是一种个人的随笔记录，在工作中就可以记。这些记录是思考和创造的源泉。"当我们将这些记录通过互联网与同行交流后，你会发现，你的教学发生了奇迹。

请你拿起你手中的笔吧，不管语言是否华美，不管结构是否严谨，只要你能够坚持写下去，你就会收获意想不到的惊喜！

（三）科研，让成长幸福起航

"教师成为研究者""教师专业化""做研究型教师"……在这些理念和精神的引领下，教育行业被赋予了研究的品质，"教育"与"研究"构成了教师专业发展的完整意义。

"教而不研则浅，研而不教则空。"教师的教育研究要回归本原——教师的研究是日常教育教学背景下针对教育实践问题的研究，是融研究、学习与工作于一体的探索性实践。理论联系实践是最好的科研方法，结合自己每一天的教育实践进行反思型研究，或者说，带着一个思考的大脑完成每一天平凡的教育琐事，这就是最好的研究。不要以为这样的研究档次低，苏霍姆林斯基正是几十年如一日结合自己的实践进行省察与反思，最终成了享誉世界的教育大家。从魏书生到李镇西，专家也好，名师也罢，回顾他们的成长，无一例外，教育科研都起到了不容忽视和不可替代的作用。只是这里所说的教育科研，既不同于课程专家的学术研究，又不同于实验室里的测量和计算，而更多的是源于教育实践的一种反思和行动。很多教师在这种研究的基础上，不断提升自己的教育素养，甚至形成了自己的教育思想体系。要实现个人专业成长的突破，最有效的方法就是要从自己的实际情况出发，找到一个专业成长的着力点，即研究的课题，然后坚定不移地走下去。每个教师都有不同的专业发展的着力点，不管着力点是什么，最重要的是真正去钻研，才能让自己不至于沦为一个"简单的劳动力"和教书匠。

（四）引领，为成长铺平道路

在现实中，教师的专业发展不是"个人私事"。但是，谈到教师的专业发展，很多人的做法就是要教师"多读书""多写教学反思"，传统的做法就是所谓的"传帮带""压担子"，却没有为教师的专业成长提供真正强有力的、持续不断的、有针对性的"引领"。有位教师谈到专业成长时说，他很"孤独"。而这种孤独的心境让很多青年教师都感同身受，因为教师的专业成长有明显的个人特征。在成长过程中，实践智慧的形成和思想的演变必须有一个艰难的修炼和内化过程。在这个过程中，每一个有追求的教师都会体会到"孤独"。另外，在成绩论面前，成长中的教师在教育理想和现实面前易徘徊不安，产生职业倦怠。再加上城乡差异、教学设施的差异及学校对教师专业成长的重视程度差异，也会导致"孤独"心境的不断涌现。所以，名师工作室就责无旁贷地承担起了教师专业发展的引领责任，更加凸显网络学习的重要性。

（五）课堂，为成长奠定基础

打磨课堂就是打磨自己的教育人生。所有成为名师的人，无一例外都是从课堂中摸爬滚打出来的。课堂是教师展现才华的阵地，是体现专业发展的平台。

1. 网上集体备课

备课，顾名思义，是指教师根据学科课程标准的要求和本门课程的特点，结合学生的具体情况，选择最合适的表达方法和顺序对课程内容进行编排，以保证学生有效学习的过程。它是教学的初始、基础环节。我们可以利用互联网环境，构建网络集体备课模式，即"个人备课、多人研讨、反复研磨、最终定稿"。如由教研组长牵头，将备课内容进行分工，各教师备课完成后与同年级组的教师组织研讨，多次修改，最后上传至指定文件夹共享，教师再根据自己的教学内容选择修改。教师在此过程中分享并收获他人的经验，促进了自身的专业发展。

2. 网上授课

课堂是教学的主要阵地，也是教师专业发展的重要渠道。教育教学信息化是大势所趋。教师在课堂中借助PPT教学，或者借助电子白板，摆脱鼠标的束缚，所有操作都在白板上实现，促进了教学方式的创新，也提高了自身的信息技术运用的能力。

3. 网上研讨

听课、评课是促进教师进步和成长的重要环节。在传统的听课、评课活动中，教师们往往碍于情面，在评课时多说优点，少说甚至不说缺点；或者本想与授课教师沟通，却由于教研活动的时间有限未能及时实现。在互联网时代，利用教研博客、论坛、QQ群等，教师可及时有效开展网络交流。教师们不用面对面交谈，减少了心理压力，各层次的教师畅所欲言，授课教师得到多位教师的指导，促进了自己的专业发展；听课教师撰写听课反思，授课教师分享教学经验和智慧，研讨教学方法，从而促进了各自的专业发展。

4. 网上吐露心声

"博客"的正式名称为网络日志，以网络为载体，是一个能快速有效地发表自己的心得体会，轻松自在地与他人交流，集丰富性与个性化于一体的综合平台。教研博客更是教师们进行自我展示的一个平台。在博客里，教师们展示和分享教育教学理念，吐露教学心声，解决教学困惑，开拓教学思维，开阔教学视野，通过互相学习和研究，促进自身的专业发展。

5. 网上培训

教师培训是教师专业发展的推进剂，教师的教学理念决定着课程改革的方向和性质，教师的教学技能决定着课程改革的深度和质量，所以，教师是教育成功的关键。借助网上培训，教师们集体学习，资源共享，实现优势互补，互相学习，从而实现教育的最优化、学习效率的最大化，及时有效地提高自身教学修养，事半功倍。

6. 网上制作微课

随着教育信息化的发展，"未来教室"已经在国外从设想走向现实。借助互联网，学习已进入微时代，即微学习。学习者能在任何时间、任何地点以任何方式学习任何内容，学习轻松高效，随时随地。例如小学英语，教师尝试选择某个语法知识点，将其制作成短小精悍的视频上传至网上，学生可以随时点播，随时观看，自主学习。微课短小精悍，相对于枯燥冗长的学习材料，学生更喜欢这样的学习模式。微课也可以把学习知识分成一个个小小的片段，学生学习起来更轻松。教师在设计制作微课的同时，深化了信息技术，吸收了新兴技术，必将直接影响教学水平，教师的个人教学素养也将明显提升。

如何规划自己的专业人生？著名教育专家李希贵说："你可以先想好70岁你想干什么，达到什么程度，身边会有什么人……当这些明确了以后，你就会知道你50岁的时候自己应该在哪里，已经完成了些什么；再推想40岁、30岁以至于今天。"教师要成为一个"自我实现的人"，就要学会"终点思考"，要有成名家的梦，制订一个"个人成长方案"，并按照这个方案执着前行。德国诗人胡腾有一句诗："心灵觉醒了，活着便是件快乐的事。"我们可以这样说："教师的成长意识觉醒了，教书育人便是件快乐的事。"因为只有个人的成长意识觉醒了，才会有教育理念的更新，所有上面这些外在路径的终端才会指向专业发展的根本——教师的内隐理论和个人的教育哲学，即以研究的心态做教师，不满足于一般的"授课"，在自己的心中对于什么是有灵魂的教育、什么教育能指向一个更好的或更幸福的未来、什么知识最有价值等问题有一个基本的判断。

信息技术对教育发展有着革命性的影响，互联网时代下的教师需要不断地更新自己的教学理念，促进自身的专业发展。借助互联网，教师们的眼界将更为开阔，研究将更有实效。E时代，让我们依托高科技，让教育事业不断创新。

成长充满了挑战，成长的过程难以复制。请保持一种虔诚的教育情怀，在日复一日的常规教学中运用互联网进行创新、历练、坚守，相信我们一定可以成为最好的自己。

教研，我们一直在路上

——珠海培训心得

2018年6月23日，我们来到了"浪漫之城"——珠海，开始为期一周的新一轮的广东省名师工作室主持人、助手培训。

在入住的酒店大堂门口，我们看到了等待我们一天的导师白彦茹教授和班主任陈舒怡老师。见到她们，我们犹如见到了亲人，将近6小时坐长途客车的疲劳早已消失。

本次培训的主要内容是专家讲座和实地考察。专家的讲座开阔了我们的视野，实地考察增长了我们的见识。

一、工作室的使命和行动

在开班仪式上，岭南师范学院培训学院的许占权教授给我们明确了名师工作室的使命，也给了工作室该如何行动的指引。"名师工作室"是由同一学科教师共同组成的，由区域中有影响力、有威望的名师做导师，以优秀中青年教师为培养对象，集教学、教研、培训等职能于一体的教师专业学习共同体。它既是一个开放性的研修组织，又是一种研训一体的培训模式。

工作室该如何行动呢？"名师工作室"应以名师为引领，以学科为纽带，以先进的教育思想为指导，指引教师进行"专业学习"。而教师的"专业学习"是一个持续不断的发展过程，因为教师面对的不仅是学科知识的更新问题，更要面对主体年年不同且不断变化的问题。它需要教师不断重构、转化结构性知识，才能解决核心问题；也意味着教师的"专业学习"应是一种基于专业需要而形成的主动学习的习惯。

二、教师的专业发展

教育是为了什么？教育就是帮助学生求真、求善、求美，让学生成为有一定文化特质的人。这就要求教师的专业不断地发展。

教师专业发展的路在何方？自20世纪60年代以来，"教师专业发展"逐渐成为世界上许多国家教育改革与发展的核心。在我国，尤其是进入21世纪，在新课程改革背景下，教师的专业发展一直是基础教育关注的热点问题。近几年来，国家大力推进"强师工程"，特别是新一轮的课程改革，将教师专业发展提到前所未有的高度。教师专业发展的背后，是我们对教育、教学的理解，是我们对自身的生命价值及怎样对待和成就自己的职业人生的认识。没有进取精神、职业意识、敬业态度，就谈不上教师的专业发展。

态度决定高度，眼界决定境界。我们要用行动与别人拉开距离，与别人分出高低，这就是自身的专业发展。

注重专业发展，追寻幸福人生——花开蝶自来！

三、如何从课堂教学中凝聚教研问题

什么是研究？问题如何凝聚？北京师范大学珠海分校教育学院的王维荣博士为我们——道来。"研究是一种系统的探究：确定选题—落实方案—实施步骤—数据分析—成果展示"等观点，凝聚着王博士的循循教导、层层点拨。

四、行走的风景：名师工作室的品牌建设与成果凝聚

我们的大咖同学、广州市增城区教育局教研室的陈洪义说，工作室要有自己的品牌：

（1）设计一个"有内容"的室名。

（2）设计一个"有内涵"的标志（LOGO）。

（3）设计一个"有宽度"的课题。

（4）工作室建设要创造自己的"故事"。

（5）工作室建设要有自己的故事。

　　另外，我们必须清楚地认识到，工作室的成果是做出来的，是练出来的，是梳理出来的；研究要在"问题根本处"着力，要懂得借势生力、借力发力。

　　有一种信念让我们不忘初心，有一种力量让我们奋勇前行，有一种使命让我们勇猛精进。教研路上，我们要铿锵前行，因为这是我们的责任。

　　这一次培训让我有机会跟自己进行了一次深度对话。我审视自己25年来的教学历程，剖析自己的教学得失，对比自己的教育功过，然后对自己说："我可以不成功，但我一定要成长。"

新领域 新方向 新征程

——2019年茂名市直属中小学校长人才库人才培养对象跟岗培训实践报告

人间最美四月天,我收拾行囊,再次出发,来到柳絮飞扬的苏州,进行为期10天的2019年茂名市直属中小学校长人才库人才培养对象跟岗培训。

行政管理方面的培训对于我来说是一个新领域,短短10天,过万字的学习笔记,学习虽累但充实。一场场与专家深度对话的专业研修,宛如一顿顿豁然顿悟的文化"饕餮大餐",为我揭开了行政管理的面纱!

一、理论提升

1.《带上灵魂做教育》

为我们带来第一场讲座的是特级教师、茂名市乙烯小学的蔡小红校长。她的专题讲座的题目是《带上灵魂做教育》。她从"脚踏实地,紧跟我们的时代;立足当代,与时俱进成长自己;仰望星空,带上灵魂做教育"三个层面展开,为我们阐述了"立德树人"的意义与方向。

一名真正意义上的教育管理者必须完成对自我角色的转换、对自身知识结构及能力的解构,才能重构自己。蔡校长的讲座为我指明了此次研修的新方向。

2.《跟岗学习的理论与实务》

在国培项目办公室柏杨教授的讲座中,我逐渐明白"影子跟岗"的意义。"影子培训"是一种集学习、培训与研究于一体的活动,主要通过经验迁移、换位思考、师傅的建议与指导来促进自身行动的改变。

我们要明确此次培训的目标，抓住培训重点，多读书，多比较，梳理清楚自己有困惑的问题，思考学校管理中不同因素的形成条件，正确对待办学经验，正确认识办学的条件与管理的规律。

3.《为国育才，践行最中国的教育》

周颖校长从苏州文化入手，阐述了文化的要素、分类等，凸显了苏州的历史、经济、文化与教育，为江苏省苏州第十中学校（以下简称"苏州十中"）得天独厚的优势打下伏笔。苏州的文化历史造就了苏州十中的文化底蕴，践行最中国的教育并不是一句口号。学生走过每一处廊道，都能看到"珍贵的校园记忆"。这是一所汇集名家的名校，百年来积淀而成的爱国奋进、实事求是、自强不息的教育精神，激励着一代代的学子。它有诗歌教育课程基地、科学创新课程基地，两个基地相辅相成，让诗教更具"科学"，让科学更有"诗意"，成为学生创造力素养全面提升的实践载体。

苏州十中的办学经历说明，办一所名校不仅需要历史沉淀、文化底蕴，还需要现代技术的支持。

4.《教师专业发展和学校课程开发》

杨建英校长在题为《教师专业发展和学校课程开发》的讲座中说，教育本身就是一个世界，也是整个世界的反映。要保持教育的初心，我们需要有大格局大视野；开阔我们的大格局大视野，必须加强研究，提升课程教学的驾驭力，养成勤于学习、系统淬炼的思维方式，以全局性思考问题，以本源性思考问题，以系统性厘清问题，还要以名师引领培养我们协同合作的能力。

5.《互联网背景下的学校管理方式和学习方式变革》

叶鹏松校长说，"校园必须是美丽的，美丽的校园才能育人""互联网是教育的阳光和水"。在现今的网络时代，教育必须是线上、线下深度融合。运用信息技术的能力是新时代高素质教师的核心素养和必备能力。学生是天生的学习者，不仅善于在模仿中学习，更善于在学习路上自主探索。所以，作为新时代的教育者，我们可以输给对手，但永远不要输给这个时代。

6.《校长领导力的修炼》

顾苏云校长以"什么是领导力"展开话题，引领大家对领导和教师进行区分。教师可以独善其身，管理班级随心所欲，但校长所站的高度、看事情的角度与教师不一样，管理学校与管理学生更完全不同；有一件事必须要明确：领导力≠权力。一位好校长就是一所好学校，校长决定学校发展的走向。校长要把一个群体整合成一个团队并率领团体一起干事业。校长更要下放权力、不争荣誉，乐于为他人搭台，成就他人。

7.《历史文化名城中绿色学校文化管理与课程建设》

陶六一校长的讲座主要是说管理的三重境界：人管人——苦死人（人不在，管理不在），制度管人——管死人（依赖制度，缚于制度），文化管人——无为而治（随心所欲，不逾矩）。文化管理是最高境界的管理。其一，学校文化是学校成员认同的信念、观念、语言、礼仪和传奇的聚合体，它决定着人们的价值追求和发展目标，同时显现在学校的一切教育行为、物质载体之中。其二，文化是学校凝聚力和活力的源泉，是学校的灵魂，是学校品位的体现。

以下是关于教育的再认识、学校的再认识：

（1）教育即养生，学校即养生之地。

（2）养生之地充满阳光，校园是充满阳光的养生之地。

（3）教育之道就是养生之道，学校要有育人的阳光之气，才能成就健康的学校，培育健康的人。

（4）阳光的学校成就美好的生活，阳光的个性成就美好的人生。

（5）和谐是人类文明最高的追求，系统协调是和谐的根本。

（6）可持续发展理念下的绿色文明是和谐的标志。

二、实地考察

纸上得来终觉浅，绝知此事要躬行。走进课堂见证实践，他山之石可以攻玉。在江苏省新苏师范学校附属小学，我们共6次走进该校的语文、数学、英语、体育课堂，观察学校"三四式自主导引"课堂教学模式在课堂中的运用。

长期以来，该校秉承"为每个孩子奠定幸福人生基础"的办学理念，坚持走"以生为本"的教育改革之路，求真务实地开展素质教育。

（一）自主学习（三步骤）

（1）前置学习：学生面对所需学习的新内容和新任务，在教师教之前先自主地进行尝试性学习，初步理解知识，同时发现自己的问题。

（2）同步探究：在同一时间，围绕前置学习的内容，师生、生生开展同步的实践、思考与交流，把自己的收获分享给同伴，同时借助同伴的智慧，消除困惑，共同进步。

（3）整理分享：学生对于在前置学习、同步探究学习过程中获得的知识技能、学习方法等进行有条理、系统的整理。

（二）教师导引（四要点）

（1）任务导向：教师为学生所承担的自主学习任务指引方向、明确要求。加强对学生学习方式的指导，帮助学生达成学习目标。

（2）点拨提升：学生在自主学习活动中遇到知识障碍、思维障碍时，教师及时点拨，帮助学生扫除障碍，走出困境；当学生对知识的理解停滞不前时，教师及时指导，引领学生的认知走向深入。

（3）效果检测：引导学生对所学的知识技能进行自主检测、评价。教师及时监控学生学习过程，了解学习状况，发现问题，修正教学。

（4）行为评价：教师注重观察学生在学习过程中的行为表现，以具体的、激励性的语言激励学生发展或指明努力方向等。

在课堂上，我们见证了"三四式自主导引"课堂模式的有效实施，惊叹孩子们的精彩表现，佩服学校管理层的高瞻远瞩。

本次研修对我来说是一个新领域，它给了我一个新方向，是我成长路上的新航灯，指引着我不断地前进，成就了我的每一次蜕变。我相信"你若盛开，蝴蝶自来"，并在新征程上寻找最美的自己。

学习并快乐着

——2016年华中师范大学培训感悟

2016年4月6日，我们来自茂名市各县市（区）的40多位茂名市名师工作室主持人，在茂名市教育局领导的带领下，冒着蒙蒙细雨，经过10多个小时的长途跋涉，来到了梦寐以求的华中师范大学。经过8天紧张而愉快的教与学实践活动，我们圆满地完成了茂名市教育局布置的培训者培训的重要任务。

8天来，我们如痴如醉，认真聆听了肖作钧教授的《微课的运作》、李莉教授的《名师工作室活动方案的策划与实践》、游汉松教授的《名师成长之路》、湛卫清教授的《如何指导名师工作室成员做好教育科研工作》、田媛副教授的《互联网与青少年健康发展》、朱幼菊教授的《在观课议课中促教师成长》、叶显发教授的《有效教学的理论与实践》、徐觅教授的《课堂观察，走向专业的听评课》、华林飞教授的《做智慧型老师》等讲座。导师们的讲座彰显个性，引领到位，犹如一顿顿文化饕餮大餐，深深地吸引着我们每一位学员。

在肖作钧教授的课堂上，我学会了用爱剪辑软件制作微课。它简单、明了，易于操作，帮我解决了今后工作路上的老大难问题。通过李莉教授的讲座，我明白了工作室主持人做的是苦力工，干的是良心活儿，收获的多少全凭自己的个人魅力大小。工作室要健康顺利发展，除了主持人的努力，还必须有赖于上层领导的大力支持。另外，必须让成员、学员看到加入工作室的可喜前景，激发他们的积极性。而湛卫清教授的讲座告诉我课题研究该如何选题，怎样落实。课题研究结题的意义是：

（1）提升经验。

（2）丰富理论。

（3）转化成果。

（4）锻炼队伍。

（5）打造品牌。

（6）促进发展。

游汉松教授告诉我，总有一种平凡让你泪流满面——学困生对你的爱。

朱幼菊教授认为观课、议课要做到以下几点：

（1）常学习，勤更新，有先进的思想理念。

（2）勤观摩，多揣摩，有优质的课例引领。

（3）多实践，重反思，借实践的经历成长。

叶显发教授讲座的精彩之处在于他的"哦"理论，我们的课堂必须有学科故事。徐觅教授告诉我把种子带回家，给它阳光、水分，它一定会发芽。从华林飞教授身上，我学到了"一个会用时间的人就是把零碎时间用好"的道理。

这次培训就像一朵盛开的傲雪红梅，为我和其他学员搭建了一个交流学习的平台，使我分享了收获的喜悦，接受了思想上的洗礼。在一个个讲座中，我有了感悟：在以后求知探索的道路上，我要让学习成为一种选择，让反思成为一种习惯，让积累成为一种常态，让教学成为一种研究，不断提升自己，完善自己，走好今后的每一步！

一场思想与智慧的盛宴

——记国培计划（2018）中小学一线优秀教师和教研员研修

摸索与创新，

实践与分享，

站在前辈的肩膀上，

与智者同行，

赴一场思想与智慧的盛宴。

2018年10月，我有幸参加了国培计划（2018）中小学一线优秀教师与教研员研修，来到了"自带夜景"的重庆第二师范学院南山校区。短短10天，我见识了颜值高、才华更高的"幸福教师"培训团队的精彩演绎。导师们以鲜活的案例、丰富的知识内涵和精湛的理论阐述，引领我享受了一场思想与智慧的盛宴。

刀不磨要生锈，人不学要落后。在信息技术高速发展的当今社会，教师只有不断学习，不断更新知识，才能更好地教书育人。"国培"学习的每一天，我都能感受到思想的冲击，每一天都有新的收获。我从更深层次明白，一名优秀的教师应把握时代的脉搏，顺应社会的潮流，迅速转型，由"知识储备型"教师升级为"创新学习型"培训师，勤于充电，善于传授，用人格感召学生和教师。

本次培训共有9场讲座、两次教学实践活动、5场方案解读、5场方案演绎。导师们高屋建瓴，从宏观的角度给我们展示了教师培训者培养思维能力的种种途径与策略，让我们从全新的视角了解了当今小学英语教学中最热门和前沿的理论与研究。我比较感兴趣的一个讲座是重庆第二师范学院外语学院教学督导周利君副教授的《What makes a good English teacher trainer?》。周教授通过实际演绎，引领我们探寻teacher和teacher trainer身份的异同、两种身份所具备的要求，在各种思想碰撞中明确a good teacher trainer的必备要求，带领我们探索APAR教师专业发展模式。APAR模式基于教师专业发展需求，积极推动教师在共同体的指导合作发展与相互实践反思式螺旋发展中，最终实现自身的专业发展。通过对APAR模式的学习，我反推模式的原型与内涵：意识唤醒—输入、分析、总结—实践应用—反思提升。它其实跟我们的课堂教学步骤是一致的，即热身—呈现—操练—反思。依据APAR模式，我们在设计教学流程的操练环节时，只要巧妙地把隐性的问题显性化，就可以"润物细无声"，培养学生的思维品质。

第二个让我感兴趣的讲座是重庆第二师范学院外语学院教师发展中心李佳主任的《Reflective Practitioner：What and How》。反思是每位教师经常做的一件事。对于这样一个看似平常的话题，李老师没有直接给出定义，而是从她自身的专业成长经历讲起，进而启发我们对自身的职业身份进行思考，之后李老师通过问卷调查的形式，利用量化表，用数据呈现出我们的反思习惯，让我们看到了自己平时在反思时存在的问题。我在李老师展示的两个反思案例中，看到了自己在反思时存在的问题，通过总结与修改，我对反思的撰写有了一个清晰的框架，今后，我将会沿着这种框架不断反思自己的教学行为，做一个"教有所得，思有所获"的教师培训者。

第三个让我感兴趣的讲座是深圳市盐田区云海学校曾焕副校长的《教师培训者专业发展：个案分析》。曾校长从自己的个人成长经历出发，与大家分享了自己从新手上路到倦怠期、蛰伏期和快速提升期的成长历程，让大家从他的成长路上体会到了坚持、反思、规划、树目标、抓机遇的重要性！我印象最深的是他对教材玩笑式的初恋故事解读——"增、换、合、立、删"。让我们在理论与实践中不断思考，既有理论知识的摄取，又有实践经验的习得，更让我明白"精准提炼、善于表达"是一名教师培训者的标配。

纸上得来终觉浅，绝知此事要躬行。高强度的理论学习到了用实践去检验它的时候。连着四天，我们牵着"实践"的手，让它去跟"理论"谈一场朦胧的"恋爱"。APAR模式是检验我们所拟定的培训方案的标准。从培训主题、目标、对象到课程专题、要点、步骤等，我们分析了受训者的不同需求，推敲了每个理论的运用，谨慎地斟酌着每一个细节，期待着揭开"理论"的面纱，遇见最美的"实践"。导师们根据每个演绎的方案提出的见解更是让我如醍醐灌顶，对APAR模式有了一种拨开迷雾见天日的感觉。

学习—实践—分析—反思，成长道路上需要推力与自主的用心。与一群真诚纯粹的教育同行者一起剖析自己，改变当下，着眼未来，定位自己，走教研结合的专业发展之路，是我今后的努力方向。

国培（2018），遇见你真好！

在摸索中前进，在磨炼中成长

两年时光转眼飞逝，茂名市直属学校首批名师工作室的工作结束了。承载着茂名市教育局直属学校名师工程建设的期望，承载着工作室全体成员的梦想，在各级领导的关心支持下，颜少佳英语工作室在探索中走过了两年的风风雨雨。

一、授牌领衔，扬帆起航

2011年10月14日，茂名市直属学校首批名师工作室在茂名市第十五中学举行授牌仪式。从此，我们16位姐妹共同拥有了一个自己的家——“颜少佳英语工作室”。我们从这里出发，踏上教学生涯的另一个台阶。

二、确定目标，蓄势待发

“国有国法，家有家规”，我们的“家”——颜少佳英语工作室也有自己的“家规”。我们秉承着“知识丰富人生，教育铸就辉煌”的工作理念，给自己设定了“合作、研究、创新、发展”的团队目标，把工作室打造成“名师的摇篮、研究的基地、交流的平台、辐射的中心”。

为确保工作室扎实而有开创性地开展工作，发挥来自不同学校的16位姐妹的特长，我们制定了相关的管理制度、培养计划和跟岗方案，要求每位成员、学员严格按照工作室的要求和自己的工作实际情况，利用自学、集中、网络交流等多种形式努力提高自己的教育教学能力，为今后的破茧而出做准备。

三、内化素质，提升能力

工作室的定位是学术组织，以学习研究为基本目标。自名师工作室成立以来，我们利用多种途径强化自身的学习意识，关注个人的学习行为与学习成果，使自己在理论层面有更多的积淀。

（一）名师指引

两年来，我们通过各种途径聆听名师的专题讲座。配合广东省名师大课堂活动，我们聆听了广东教育学院李华教授的专题讲座《什么是高效课堂》。李教授用她独特的教学理念与精彩的表演给我们诠释了她对英语课堂的理解。听完李教授的讲座，我们对于"怎样的课堂才是高效课堂、如何才能让我们的课堂高效化、怎样的教学理念才能让我们的课堂高效化"有了更深的理解，也逐步地把高效课堂理念移植于我们的课堂。"近水楼台先得月"，我们利用茂名市直属学校的便利优势，请来了茂名市的小学英语教学专家——教研室副主任詹晴儿给我们做专题讲座，詹主任把她去参加国培的心得一一与我们分享，让我们在交流与讨论中发现问题，分享感悟。这些内容不仅减轻了我们现今的教育教学心理压力，更让我们对积极的职业意识，教师的角色观念、职业生涯规划有了全新的认识。另外，我们还聆听了广东省名师工作室主持人——茂名市新世纪学校杨新梅老师的专题讲座《抓住机遇自觉成长 智慧创造多彩人生》。杨老师通过讲座告诉我们，教育和教学有着自身的发展规律与原则，需要我们在实际工作中通过学习不断更新、提升和完善。怎样融入工作室，如何让自己快速成长，我们都有了自己的思量与感悟。借助2012年广东省骨干教师培训的机会，我们移植了广东省名师工作室主持人——珠海市香洲区拱北小学鲍当洪校长的专题讲座《Activities in Class》与《How to Design a Lesson》。通过这两个讲座，我们很好地解决了许多平时遇到的问题：怎样设计一节课？课堂的容量如何？学生的掌握程度如何？课堂的活动如何设计？怎样的课堂才能实现高效化、个性化？课件的画面如何均衡？在课堂教学的哪个环节插入歌谣（曲）更能激发学生兴趣？

（二）自主学习

工作室的成员、学员均是各校的骨干教师、年轻的优秀教师，大家平时的教学任务很重，根本无法经常聚在一起学习理论知识，但我们最大的优点是学习比较自觉、主动。根据这一点，在每个学期开始时，我们确定理论学习内容，提出具体的学习措施，主要围绕"中小学外语教学研究""怎样才是有效的课堂教学""给教师的100条建议""词块"等内容展开。要求每位教师坚持每周自主阅读并及时记笔记，并在每学期的跟岗周做汇报，期末再上交理论学习心得和读书笔记。目前，读书已成为本工作室成员的自觉习惯，大家都能妥善处理工作与学习之间的矛盾，坚持理论联系实际，善于结合自己的问题、实际的问题和真实的问题进行系统思考，努力做到学以致用，并将自己的教学实践逐步提升为自己的教学经验甚至教学理论，切实为本工作室学员的可持续发展奠定坚实的基础。

（三）取长补短

"三人行，必有我师焉。"工作室积极创造条件，为学员们提供了广阔的展示与交流的舞台，让名师与名师、名师与成员、成员与学员、学员与学员之间互相交流，取长补短，共同进步。两年来，工作室的成员、学员分别外出到香港、广州、深圳、东莞、珠海等地听课和参加研讨活动8次，这些学习交流活动使大家开阔了视野和胸怀，增长了见识。

（四）课题引领

工作室以课题研究为抓手，引导大家走"科研兴师，名师强校"之路。针对新课程教学的难点和热点问题及实际情况，按照上级关于跟岗学习的要求，工作室加强了跟岗学习期间学员个人课题的确立、研究的指导工作。为了让每位学员能够做到"研有所长"，主持人颜少佳老师和大家围绕各自的研究重点进行了多次研讨活动，针对存在的问题进行了认真、严谨的讨论。在讨论的基础上，大家对确立自己的课题进行深入思考，经过反复修改，最终形成了课题申报表。这个学习过程使学员认识到，校本教研既需要坚持不懈、求实探索的精神，又需要同伴互助，在合作中切实有效地提升自己的能力和水平。两年间，工作室共有两个省级课题、3个市级课题立项并着手研究。

四、摸索前行，逐步成长

名师工作室的基本任务之一就是培养优秀教学能手，提升教师的基本业务素质。在工作中，我们努力朝着这个目标进军。

（一）定期活动

工作室定期召开研讨活动，探讨教学新路子，对教育教学工作中的问题进行研讨，达成共识，扩大名师工作室的辐射性。

真正的名师源自课堂、根植于课堂。工作室以茂名市文东街小学的电教室为活动基地，每学期组织两周的跟岗活动。两年来，工作室成员每人至少讲两节课，做一个专题讲座；学员每人每学期至少讲一节课；对外公开课共计讲了16节；来自珠海、深圳、东莞、梅州及茂名等地的听课教师超2 000人次。其中，颜少佳老师、陈东梅老师在珠海讲课的听课人数均超过280人次；戴雄梅老师、何丹婷老师在茂名市电白春华学校讲课的听课教师人数超300人次。这些活动的开展不仅体现了工作室成员的辐射带动作用，更有效地实现了培训资源的共享，同时对课堂教学进行了有益的实践与探讨，彰显了名师指导的实效性，也凸显了学员们学习的积极性，极大地提高了大家驾驭课堂的能力。

（二）同台竞技

同课异构的教学任务让工作室成员、学员之间的合作达到了一个新的高度。工作室以1对1的方式，让主持人与成员、成员与学员、学员与学员进行擂台比武。短短一周的时间里，大家经历了5场紧张的备课、比赛、评比等研讨活动。"同课异构"教学研讨为工作室全体成员提供了一个面对面交流互动的平台。在这个平台中，大家共同探讨教学中的热点、难点问题，探讨教学的艺术，交流彼此的经验，共享成功的喜悦。教师们的经验、智慧在交流中碰撞、升华，这种多层面、全方位的合作、探讨，提升了我们的教学教研水平，同时，大家的教学理念、把握教材的水平、驾驭课堂的能力有了大幅提升。

（三）强化反思

反思是人特有的心理品质，而教师的反思能力是教师成长和发展的重要标志。工作室要求每个成员、学员注重对自我及教学活动进行积极、主动的计划、检查、评价、反馈、控制和调节，不断提高自身的问题意识和教育研究能力，使自己能独立解决教育教学实践中遇到的各种问题，进而发挥手中的专业自主权，实现专业自主，并要以自己所讲的课为契机，用文字形式上交教学反思，把自己在跟岗过程中的得与失记录下来。就这样，我们在反思中历练，在反思中成长，在反思中走向成熟。

（四）资源共享

大家身处不同的工作单位，网络成了平时互动的主阵地，在工作室开展工作的初期，我们及时开通了工作室公共邮箱、QQ群、微博，方便上传有关的新课改资料、论文和经验文章，其中有本工作室成员、学员的原创文章，也有一些专家的文章。我们对课程标准进行了研究和探讨，提供了有关新课改的理论材料，为教师提供了理论学习的平台，方便大家上网学习、交流经验、解疑释惑、提出意见等。

五、养精蓄锐，厚积薄发

养精蓄锐是为了厚积薄发，我们积极开展送教下乡活动，充分发挥骨干教师的辐射作用，其中有主持人颜少佳在珠海市香洲区南屏镇甄贤小学的课程"My New Friend"，成员陈冬梅在珠海市兆征纪念学校的课程"What Does She Do?"，成员戴雄梅在茂名市电白春华学校的课程"What Does She Do?"，学员何丹婷在茂名市电白春华学校的课程"What Does She Do？"，学员陈晓彤在高州市东岸镇中心小学的课程"We Are Going to Hainan"。从观课议课活动来看，对我们最大的启发是要想提高课堂教学的有效性，首先要提高课前教学设计的有序性，特别是教学环节的有序构建、教学内容的有序安排和学生思维的有序调动。其次，要善于总结教学的得失与成败，并及时付诸实践。最后，要通过与他人的交流与分享来提高自身的教学水平。

六、实践磨砺，收获希望

长江后浪推前浪，前浪后浪共精彩！一枝独秀不是春，百花齐放春满园。

两年的时间并不短，我们从筛选人员到开展工作，一步一个脚印，扎扎实实，有声有色，围绕有效教学，探索实用高效的课堂教学，并取得了一定的成效：①吴远美被评为茂名市优秀教师。②刘晓梅被评为茂名市教学新秀。③朱英梅被评为茂名市直属学校优秀教师。④何丹婷被评为茂名市直属学校优秀教师。⑤傅晓红被评为茂名市直属学校优秀教师。两年来，获得国家级奖励的论文有4篇，省级有12篇，市级有6篇，县级有11篇。有8篇论文发表在专业期刊上，课例（教学设计）国家级3节，省级2节，县级14节。

七、盘点问题，展望未来

名师工作室是一个新生事物，在成长的过程中存在一些问题，主要是：

（1）工作室成员、学员不在同一单位工作，每天都有上课任务和繁杂的班务工作。学生离不开教师，课程的调整比较困难，集中的时间不易配合。

（2）事务烦琐，成员教师对学员教师的具体教学指导时间太少；个别学员的积极性有待提高，参与度有待加强。

（3）工作室的网站内容未能满足教师的教学需求，教师的网络水平有待提高。

（4）与其他工作室的交流过少，总感觉自己是在"闭门造车"，对于更多先进的教学理念、方法，希望能有机会向名师学习。

（5）资料收集方法有待改进，整理资料的过程有待改善。

（6）举办专题讲座的档次不够高，规模不够大，得益的人数较少。

（7）在当今社会，如何让教师的积极性最大化是我们必须考虑的问题之一。

不管怎样，回首两年来走过的路，我最大的感觉还是充实与快乐。名师工作室这个团队有着极强的凝聚力和生命力。青年教师在学习时学到了经验，能力得到了提高；导师在传授时也发现了自身的不足。工作室内形成了一股互帮互学、积极创新、共同前进的新潮流。

我们的跟岗告一段落，但是我们的家已成了姐妹们"畅谈教育理想、倾诉工作苦乐、分享教学经验、反思研究过程、共享学习资源"的好场所。我们希望将来有更多这样的场所为大家的专业成长提供机会，为大家搭建展示自我、体现自身价值的舞台。

做个幸福的英语老师

幸福是什么？

一千个人有一千种答案，同一个人在不同的时期有不同的答案。就比如我——

我的父母是面朝黄土背朝天的农民，每天日出而耕，日落而息。我们家每个孩子每天都有自己要负责的任务。我的任务是每天两次给菜地浇水。当大大的水桶压在我肩上的时候，我最大的期待是身后的学校上课铃声快点响起来。所以，小时候，上学是我最幸福的事情。

从小我就想过幸福的生活，包括做老师也是源于我对幸福的错误理解。小学三年级时，语文老师问我们："你们长大了想做什么呀？"答案各不相同。记得我的回答是"老师"。老师问："你为什么想当老师啊？"我说："因为做老师很幸福，不用写作业。"这就是我8岁时对老师这个职业幸福的定义：不用做作业。

在广东省外国语师范学校（现为广东省外语艺术职业学院）读书时，一个学期，家里只给我200块钱当伙食费，其中还包含来回的车费钱。每个学期开学，我就会伸长脖子等待上学期的考试名次出来，如果能排到班里前五名，就可以领到50元的奖学金。所以，读师范时，领取奖学金是我最大的幸福。

工作后，我觉得幸福的事情更多了：父母安康，家庭和睦，孩子上进，同事和谐，学生优秀，等等。

海尔集团首席执行官张瑞敏曾经说过："把每一件简单的事做好就是不简单，把每一件平凡的事做好就是不平凡。"所以，我想说的是，幸福是一种感觉，是一种态度，是一种体验，把每天那些小小的感动累积起来，享受它，就是幸福。

一、感谢遇见

在教学的路上，我遇见的每一位领导对我的帮助都很大，感谢他们对我的栽培，感谢他们给我搭建了成长的平台。

周校长

"小颜，下课啦！赶紧过来练会儿琴。"谁都没有想到，我作为一个小学英语教师，就这样每天在周校长的督促下，把小学阶段的课程，除了语文、数学，其他的科目全部教过，特别是音乐课，简谱、五线谱都没问题，甚至可以用钢琴上课。周校长最喜欢推门听课，铃声响起，拿着凳子推门就进，听完伸手就拿教学设计，张口就直奔教学重点、难点。这对于新老师来说，应该是最恐怖的事情。我从开始的害怕，到慢慢习惯，最后竟然是满怀期待，周校长把我磨成了一个上课狂。

许校长

"小颜，我们教育学生前一定要了解情况。""小颜……"许校长做事非常有条理性，一环扣一环，而且注重细节，在她手下当班主任绝对会脱一层皮，但是受益终身。从教25年，当了10多年的班主任，我基本上是开始两三个月痛苦，后面肯定是当甩手掌柜。

李校长

"小颜，陪我去听听这些课。""小颜，这次的全市英语公开课你来上。"在专业成长的路上，我跟李校长外出的机会最多，几乎跑了半个中国。我们李校长虽是个女校长，但她眼光独到，能展望世界，教育教学改革的敏感度极高，绝对是教学的一把好手。最关键的是她是英语专业的。在她的支持与指导下，从2003年起，我逐步从一个赛课的菜鸟成长为一个敢到处上课的老师。

林校长

茂名市的名教师评比，我不肯报名参加，林校长左一个电话，右一个电话找我，苦口婆心地说："小颜，你一定要给自己的孩子做个榜样，妈妈年纪那么大都追求上进，孩子更要抓紧。"

卢校长

卢校长是一位有教育情怀的校长，站在教育高处，从细微处着手。他说："只要是对孩子好的方法都是对的，颜老师，你放心大胆地把学校的英语特色搞起来。把每件小事做好就是教育大事。"

每位校长提供给我的平台都不一样，但每个平台都让我激情澎湃，充满工作激情。

二、读书修行

这是一个喧嚣的时代，少了沉静，生活节奏越来越快，使我们原本平淡的生活变成了一场争分夺秒的战斗，读书修行成了一种奢望。

读书是一种涅槃，读书的时候，我们纯洁而幸福，走进书中，尘世间的琐事荡然无存。读书是一种修行，读书的时候，我们快乐而自信，腹有诗书气自华。读书的时候，我们的心与世界悄然对话，感悟一沙一石、一草一木，云卷云舒，宠辱两忘。

而作为教师，我们读书修行还应该：①研读政策，明方向；②研读大纲，知目标；③研读教材，有中心；④研读学生，定任务。

三、以爱育教

大家都知道，身为教师的我们，有被人误解的时候，有被学生气急的时候，也有被成堆的琐事困扰的时候。但是，当我面对孩子那天真无邪的笑脸时，我的烦恼也就烟消云散了。清晨，当我迎着第一缕阳光，迈着从容的脚步踏进校园时，孩子们从四面八方跑过来，亲切地喊"老师好"，我的心里是那么快乐和幸福！

记得一个课间，一个学生刚走出教室又跑了回来。她神秘地从小兜里掏出一盒润喉片，激动地说："老师，这是送给您的，保护嗓子，您就不会每天咳嗽了！"我接下这一盒润喉片，感觉沉甸甸的，因为那是一个学生对老师表达的最崇高的敬意！那一整天，我都被一种幸福感包围着。

在被学生感动的同时，我同样被身边的教师感动着。每当我看到他们护送学生放学时的担心，看到他们带发生意外的学生去医院时的焦急，看到第二天他们看见学生平安进班级时的笑容……我学会了，更懂得了肩上的责任，所以我要说，能和这些优秀的教师一起工作，我很幸福。

我喜欢走在路上，听学生们远远地面带微笑叫我一声"Ms. Yan"；我喜欢登上讲台，看台下几十双充满期待和信任的眼睛；我喜欢拿起粉笔，为年幼无知的学子导航，为他们开启智慧之门，帮他们点燃理想之灯。而他们也在影响着我，他们丰富着我的生活，他们装点着我的人生，他们让我更深地感受到教师这个职业的幸福。

我本是一个极平常的人，因为做了一名教师，所以我的人生才有了不平常的意义。看看我的身边，同龄教师们把青春扎根于三尺讲台而无怨无悔；中年教师们将家庭搁置一旁，而全身心地扑在教学工作上；老教师如一头黄牛埋头苦干而不知疲倦。许许多多优秀教师的事迹在激励和鞭策着我，他们就这样默默地、毫无怨言地辛勤耕耘在三尺讲台上。

幸福写在学生认真的作业本上，幸福盛在学生满意的答卷上，幸福堆在家长充满谢意的脸上，幸福绽放在这小小的三尺讲台上。教师的幸福是一种精神追求——感受坚持胜利的快乐，教师的幸福是一种职业荣誉——感受授业解惑的快乐，教师的幸福是一种理想实现——感受实现人生价值的快乐！

四、有效课堂

课堂是我们教学的主阵地。对于课堂教学，我们不能盲目地追求建模、模仿，不能过分地注重座位的排列等形式主义，我们要重视课堂本身的需求。

什么才是一节好课呢？有人说能直击考试重点的就是真正的好课。在此，我不想从三维目标等来确定一节好课的标准，我只想简单地说："教学设计，勿忘初心！"小学英语教学的初衷是什么？《义务教育英语课程标准（2011年版）》（以下简称《课标》）指出，注重语言学习的过程，强调语言学习的实践性，主张学生在语境中接触、体验和理解真实语言，并在此基础上学习和运用语言。从《课标》的高度，我们在讲授文本的过程中应该也必须注重给学生创设真实的语境，让学生能够真正学以致用，学会在恰当的时候运用正确的英语语言进行交流。

我在英语课堂上经常采用小组学习的形式，特别是pairwork。我们把小组学习有效地利用起来，这种"以虫治虫"的方法是课时少的有效解决手段，更是解决教师工作量大、没有时间检查背诵听写等问题的重要手段。可以负责任地说，小组合作学习如果能够成功应用，会让我们直接走出教学窘境，走向幸福！

全国著名特级教师魏书生说："守住自己的根，守住自己的本，才能往深处扎根，才能发展、成长。"我们要在课改中把可用的学到，让自己的长处更长，在自己的每课教学设计后不再写反思，而是写本课的亮点，随着时间的推移，让亮点集结为大成！当英语教学带给我们无数的惊喜和成就感时，小学英语教学也必然成为我们最大的爱好。

与大家分享一篇寓言故事：

小猪问妈妈："妈妈，幸福在哪里啊？"妈妈说："幸福就在你自己的尾巴上！"于是，小猪试着咬自己的尾巴，可是无论它怎么努力还是咬不到。小猪十分懊恼："妈妈，为什么我总抓不住幸福呢？"妈妈笑着说："孩子，只要你往前走，幸福就会一直跟着你的……"

让我们一起做那只追求幸福的小猪吧！只有坚持不懈才能跟上教育幸福的脚步，只有乐于付出才能抓住教育幸福的尾巴，只有不断进取才能进入教育幸福的殿堂，只有怀着教育理想才能真正体验到教育的幸福！

最后送大家一首小诗《幸福的教师》：

生活就是教育

教育就是生活

生活离不开教育

教育创造新生活

你如何理解生活

你就将拥有怎样的生活

你如何理解教育

你就将拥有怎样的教育

幸福是一种感觉

学会面带微笑才能享受生活
懂得播种快乐才能收获幸福

幸福的教师，多了一双发现的眼睛
幸福的教师，多了一份快乐的心情
幸福的教师，多了一股创造的激情
幸福的教师，多了一种生活的诗意
感谢遇见，享受幸福

教学工作　下篇

把爱撒向学生心田

鲁迅先生说："教育是植根于爱的。"教育技巧的全部奥秘就在于爱护学生。爱是教育的源泉，教师有了爱，才会对自己的教育对象充满信心和爱心，才会有追求卓越和创新的精神。教师不仅要有爱心，更要把爱表达出来，与学生的心灵产生共鸣，把爱撒向每一位学生的心田。

从教十几年来，我以真诚的情感、崇高的道德去关爱学生，激励学生积极向上。在十几年的班主任、年级组长和团支部书记工作中，我积累了丰富的育人经验，形成了有个人特色的"爱、严、勤、细、实、活"的工作作风，多次在学校教师大会上做育人经验介绍，所带的班级年年被评为校级以上先进班集体，先后培养了一大批优秀学生。其中有茂名市级优秀学生干部陈×培、刘×玲、柯×萍3人，市级优秀少先队员谭×立、曹×、李×光、陈×明、李×源5人，茂名石化公司普教处级优秀少先队员陈×苑、蔡×宁、吴×婷等28人；先后转化了吴×志、黄×明、郑×伟、阮×诚、蔡×良、陈×锐、谭×平等60多名学困生，转化率达98%。我的班级管理能力深受上级领导和家长的好评，总结的班级管理经验"爱、严、勤、细、实、活"也得到领导和同行的认可，2006年获得第五届全国中小学外语教师园丁奖、茂名市直属小学女教师教学岗位女能手优胜奖，2007年被评为广东省南粤优秀教师。2007年9月，茂名市广播电视台和《茂名日报》先后报道了我的育人先进事迹。我撰写的教育论文《单亲家庭子女的特殊心理及学校教育》获得广东教育学会论文优秀奖，《小学生常见心理健康问题及对策》获得第五届广东省中小学心理健康教育优秀论文三等奖。近两年，虽然我不再担任班主任工作，但我仍然十分重视德育工作，积极配合班主任做好任教班级的管理工作及学生的思想工作，让德育始终贯穿于教学。

一、打造富有爱心的班集体

在班主任工作中，我非常注重班风、学风的培养。为了打造一个富有爱心、积极向上的良好班集体，我经常阅读林崇德撰写的《发展心理学》、魏书生的《班主任工作漫谈》、周弘的《赏识教育》等相关论著，借鉴名师、专家学者的经验和心理学知识指导和创新育人工作：一是"亲其师，信其道"，让学生感受"师爱"，在工作中落实"三多"，即"多鼓励、多肯定、多夸奖"。二是开展"我与自己比""我与明天比"的纵向个体比赛活动，让学生学会超越自我，欣赏自我。三是开展"心灵教育"，通过班里突发的事件、日常发生的事件进行情感教育，要求学生结合这些事件写感想，让学生畅所欲言，然后根据不同学生的特点进行有针对性的交流，以实现"心与心"的交流。四是当好学生家长的"朋友"，争取家长的大力配合，以取得良好的教育效果。五是"活动育人"，在活动中让学生自我锻炼，自我教育，自我鞭策。我带的班级班风好、学风浓，学生的自我管理能力和自我教育能力强，学生富有爱心，班级年年被评为校级以上先进班集体。

二、用爱感化学困生

大家好才是真的好。一个班集体有几十个学生，他们的思想素质、学习成绩总有差别，难免会有部分学困生。转化学困生是班主任一项必不可少的工作。教师有责任、有义务教育好这些学困生，使他们也能和其他学生一样健康、快乐地成长，展现自己独特的风采。在教育过程中，首先，我把真诚的爱给予学困生。因为我认识到，爱如阳光，特别是对学困生，在施教过程中，如果能正确认识他们，研究他们，注入更多的关心与爱心，那么他们就会获得心理上的满足，从而产生一种积极向上的动力，潜能就会被激发，奇迹就会出现。比起其他学生，他们更需要教师的理解尊重，细心呵护。在教育学困生时，我努力做到思想上不歧视，感情上不厌倦，态度上不粗暴，方法上不简单。其次，发现学困生的"闪光点"，因势利导，给予更多的鼓励和赞美。我平时细心观察他们，了解他们的学习、生活和思想情况，在各方面帮助他们。比如，在课堂上给他们创造条件，鼓励他们举手发言，及时给予肯定、奖励。课外积极辅导、跟踪，多与家长联系，为他们创设一个健康良好的环境。再次，详细分析学困生学习困难的原因，了解他们的兴趣和爱好，了解他们的苦恼和欢乐，了解他们的性格和才能，了解他们的理想和追求，了解他们的家庭环境及在家中的地位，等等，然后把各种情况加以综合分析，剖析他们学习困难的原因。在此基础上，因人而异，做他们的知心朋友，批评，鼓励，严格要求。对学困生的教育，我始终做到能知心、能热心、有耐心、有信心、常关心、常交心，使转化工作取得显著成效。

2008年刚接手六（2）班时，我发现蔡同学是一个爱撒谎、贪玩、不爱学习的孩子，经常不完成作业，问其原因，总是说作业本落在家里了。我对他进行家访，了解到他的家庭环境不好，父母离异，他跟外祖母一起生活，外祖母是一个没有文化的家庭妇女，与他感情不和，不能很好地沟通。他的学习基础差，没有养成良好的学习习惯，受到同学的歧视。但他又希望得到别人的注意与承认，于是就用一些不正当的行为来证明自己的存在，不停地惹是生非。分析了症因之后，我就从各方面去关心他、帮助他。第一，关心他的生活，询问他的饮食，查看他的冷暖，帮助他安排好作息时间。第二，关心他的学习，每天抽出一定的时间为他补习基础知识，课上对他多提问，做作业时主动问他有无疑难问题，要求他当天的作业当天清，对于他的点滴进步及时给予表扬和鼓励。第三，经常和他的外祖母联系，教她教育孩子的方法，在她面前只谈孩子的优点，不提缺点，改变她对孩子的片面认识。渐渐地，蔡同学进步了，在小学毕业水平测试中，英语考了101分（满分120分）。

2007届五（2）班的陈同学迷上了网络游戏，经常逃课到网吧去，有时甚至半夜偷跑出去上网，几天不回家。家长失去了信心，放弃了对他的教育。但是我和他的班主任不嫌不弃，为了把他找回来，找遍了附近的大小网吧。我一有机会就找他聊天，经过不懈努力，陈同学终于能做到不逃课到网吧去了。

2008届六（1）班的谭同学上课无精打采，要么搞小动作，要么影响别人，提不起一点儿学习兴趣；下课追逐打闹，喜欢动手动脚，常常引发同学间的矛盾，许多家长前来指责他；作业不做，即使做了也做不完整，书写相当潦草……每天总少不了给班主任添麻烦。于是，我找他谈话，希望他能遵守学校的规章制度，以学习为重，按时完成作业，知错就改，争取进步，争取做一个他人喜欢、父母喜欢、老师喜欢的好孩子。我语重心长地跟他说，他是班上年龄最大的孩子，也应该是最懂事的。他不理我的苦口婆心，一如既往，毫无长进，真是"承认错误，坚决不改"，我的心都快凉了。算了吧，或许他是块"不可雕的朽木"。但我又觉得作为他的老师，不能因为一点儿困难就退缩。于是我不厌其烦地找他谈话。谈话中，我了解到他心里十分怨恨他的爸爸妈妈。妈妈在家总是打麻将，对他的生活起居漠不关心。爸爸有些吊儿郎当，没有诚信，每次见到儿子不是打，就是骂。现在他巴不得多搞点事让学校开除他，好气气爸爸妈妈。

调查清楚情况后，我思忖着必须慎重地采取措施，否则会适得其反。"以前你爸爸妈妈喜欢你吗？"他微微点头。"他们严格要求你了吗？""是的。""他们什么时候不理你的？""从我不爱学习开始的。""你现在对生活、学习中的事情都漠视不管，如果我也放弃你，大家都不再理睬你，你会觉得生活有意思吗？你希望出现这种局面吗？"他重重地摇了摇头。"是啊，道理一点你就通，我们一起共同努力，好吗？"他笑了，眼睛立刻生动起来。后来，每当他有了点滴进步时，我便适时鼓励与表扬他，还给他配备最好的班干部组成"一帮一"小组。在小学毕业水平测试中，他语、数、英三科都考及格了。

三、用爱培养优生

我对优生的培养总是高标准、严要求、不纵不宠。优生由于成绩突出，经常受到表扬，受着群星拱月的优待，有些优生也会出现傲慢狂妄、冷漠自私、好胜妒忌、脆弱小气等现象。作为教师，我对优生的成绩加以肯定，但也十分重视他们表现出来的心理弱点，正确引导他们走出误区，适应社会，避免"高分低能"。

2008届六（1）班学生潘×，不愿意与学困生曾×结成"一对一"辅导学习小组，认为这样一来会影响自己的学习，更害怕别的同学的成绩超过自己。为此，我多次找她谈心，指出正确处理好自己的学习和帮助同学之间的关系，只要能合理地分配时间，不仅不会影响自己的学习，还能找出自己学习上的差距，并且同学之间只有互相学习、互相帮助，才能取得更大的进步。渐渐地，她接受了我的建议，积极主动帮助学习有困难的同学，她的成绩也一直排在全年级前五名，在小学毕业水平测试中，英语考了满分。

2007届六（1）班学生李×，天资聪颖，学习成绩好，但沉默寡言，胆子小，不合群，对集体的事不关心，仿佛与自己没有关系。根据她的情况，我及时与家长联系，把孩子在校的表现及时跟家长沟通，以便把握最佳教育时机。上课时，我有意识地多让她发言，当她回答有新意的时候，又不失时机地表扬，让她体会到发言成功的快乐。经过一段时间的跟踪教育，李×改变了很多，在课间我时常能听到她与同学一起玩耍时的笑声。

2006届六（3）班学生吴×，成绩优秀，面容姣好，活泼开朗，很引人注目。邻班的几个男生经常来找她，她也常和她要好的一些女生谈论一些有关男生的话题。殊不知，成绩因此一落千丈。在一次电话家访中，我向她的父母反映了这些情况。从此她便像换了一个人，脸上没了半点笑容，也很少和人说话，尤其是我。我知道，肯定是在家挨了父母的打骂而记仇于我。这时，无论做什么思想工作肯定都是白费。我什么都不说，心想，就让时间去医治她心灵的创伤吧！有一天，我习惯性地到教室去转转，同学们都去上体育课了，只见吴×捂着肚子趴在课桌上哭得稀里哗啦的，旁边有个女同学在安慰她。我上前询问情况，得知她是因为月事来临，肚子痛，裤子又弄脏了，不知怎么办才好。我赶忙把她带回办公室，找来干净的裤子让她换上，并趁机教她一些生理常识、两性常识及一些与异性相处的注意事项等。从此，吴×不再避开我，有什么事也肯跟我说、询问我的意见了，成绩也上来了。

没有爱就没有教育，有爱学生心中才有太阳，才有崇高的灵魂，才有蓬勃的朝气，才有闪光的智慧。教师有爱心，班级才会有生命和活力，才会成为人才的摇篮和精神的家园。教师的爱心是学生心中的太阳，爱是教师教育教学工作中永恒的主题，是成功教育的源泉。

单亲家庭子女的特殊心理及学校教育

单亲家庭是指由于父母离异或其他变故形成的只有父亲或母亲与未成年子女一起生活的家庭。在教育中尤其难以把握的就是离异家庭中的子女教育问题。家庭不仅是个人生活的起点，也是人格形成的源头。婚姻家庭关系越牢固，教育子女的条件就越好。然而在今天，传统的家庭观念在中国人的头脑中正悄然变化着，一部分人的婚姻家庭关系已不再像过去那样"固若金汤"。一个人们不愿接受的现实正摆在我们的面前：中国人的离婚率正逐年升高，越来越多的少年儿童生活在离异的单亲家庭之中。然而，父母离婚带来的不仅仅是家庭的破碎，不仅仅是造成了当事人的痛苦，更重要的是严重伤害了孩子的心灵，也因此衍生了连锁的教育问题。

一、单亲家庭子女的特殊心理现象

（一）有着强烈的不安全感和自卑感

在绝大多数单亲离异家庭中，父母在离异前都有相当长的一段摩擦期，家庭一直处于动荡状态。父母由于感情不和等经常吵架、打架，甚至拿孩子出气。在这种环境中孩子极易感到恐慌和不安。另外，他们在学校又会因父母的离异受到同学的讥笑和嘲弄，加上社会的偏见和不良舆论，他们会为父母的离异感到羞耻，觉得自己低人一等，从而产生强烈的不安全感、自卑感。

（二）性情冷漠、孤僻，不善于与人交往

单亲家庭中的孩子一般情况下性格比较内向，寡言少语，与人相处缺乏热情，对集体漠不关心。有的孩子因为长期抑郁而逐渐形成孤僻、怯懦的性格，对他人、对社会都极其冷漠，缺乏信任感。有的孩子由于长期生活在吵闹打骂

的环境中，情绪暴躁而蛮横，粗野而冷酷。有的父母迁怒于孩子，经常无故殴打孩子，使得孩子经常在恐惧当中度日而变得神经质。

（三）以自我为中心，性格怪异，叛逆心强

离异的父母要么因为愧疚而怜悯孩子，对孩子百依百顺，甚至不合理的要求也满足，以弥补子女失去完整家庭的爱的遗憾；要么对孩子不管不问，置之不理。殊不知，对单亲家庭子女过分溺爱，会使他们对人冷漠、自私，凡事以自我为中心，纪律观念淡薄，目中无人；而平时对孩子不闻不问，一旦发生什么事不是打就是骂的结果就是孩子不服从教育，形成逆反心理。

（四）压力过大，意志薄弱，缺乏进取心

许多单亲家庭的家长由于离异的打击，离异后把子女作为唯一的精神支柱，把自己所有的希望都寄托在子女身上，要求子女处处出人头地，特别是在学业上。殊不知，过高的期望势必给子女造成过大的心理压力。在沉重的精神负担下，单亲家庭子女意志力溃散，丧失了应有的进取心。

二、单亲家庭子女的学校教育

单亲家庭的家长既要当妈妈，又要当爸爸，在子女的教育问题上，很难将爱和管教适当结合，使孩子得到健康全面的发展。作为家庭与社会的桥梁，学校教育在这时就显示出它的特殊重要性。笔者认为，在单亲家庭子女教育问题上，学校教育应注意以下这些方面。

（一）建立档案，保护隐私

教育单亲家庭的学生比教育一般家庭的学生要困难一些，教师要付出更多的精力。首先，教师要了解和掌握本班单亲家庭子女人数，并掌握其家庭状况、单亲的原因。对单亲家庭的学生要时时观察、常常研究，特别是对于即将成为或刚刚成为单亲家庭子女的学生，更要观其微，察其毫，从他们的一言一行中发现异常现象，把工作做在前面，防止可能出现的问题。其次，教师要耐心做好学生的说服教育工作，多与学生沟通情感，在沟通中让学生的思想得以疏导，情绪得以发泄。另外，离异家庭的孩子很难随意向别人表达自己的思想和感情。单亲家庭的学生缺乏良好的社交环境和说话诱因，与同学的交往也会受到影响，尤其是离异家庭的学生。教师在与单亲家庭学生的交流中，要讲究

方法的科学性，要注意保护他们"敏感"的自尊，因为这种自尊一不小心就会演变成强烈的自卑。教师在与他们的沟通过程中要尊重他们自由表达的权利，尊重他们的隐私。在教育中，学校还要开展心理健康活动课，开设"心语信箱"，开展"心理咨询"，通过多渠道保护学生自尊，解决心理问题。

（二）严爱结合，主动教育

"没有爱就没有教育。"爱学生是教师必须具备的美德，得到教师的关爱是每个学生最基本的心理要求。对待单亲家庭的学生，教师更要付出真挚的爱。心理学家认为："现代教育的主要任务就是了解孩子，而了解孩子的核心就是理解。"只有理解，才会做到有的放矢地爱。谈心就是一种好办法，教师要与单亲家庭的学生结成对子，以平等、信任、尊重的心态主动找他们谈心，与他们在思想和情感上交流，让孩子体会到温暖、信任和愉快，给他们物质上的帮助和精神上的鼓励，帮助他们消除自卑、孤独的心态。学生小陈，父亲因吸毒、贩毒被判刑，母亲离家出走。她与70多岁的奶奶一起生活，每月依靠100多元的救济金生活，日子十分艰苦。了解这些情况后，我经常找她谈心，鼓励她，带头捐款并发动全班同学帮助她解决实际困难，还报告学校为她减免了学杂费，使她坚持读完了小学。

在教育中，除了有爱，还要有严。"严"就是对单亲家庭子女的教育要做到有理、有方、有度。有"理"就是要在晓之以理的基础上严要求，使他们明白严要求是为了让他们进步，成长得更好。有"方"就是要讲究教育方法，要有针对性。因为他们在性格、习惯、经历、环境、气质上的不同，所以教育的技巧和艺术就要因人而异、因时而异，及时发现其闪光点，选好切入点，形成最佳的教育方法。有"度"就是要做到对他们的要求不能过高，也不能偏低，要适合他们努力的程度，特别要有耐心，不怕反复，多些理解，多些信任，多些宽容，多些亲近。通过严爱结合，逐步培养他们自立的精神，使他们能自觉自愿地在教师的严格管理和真挚关怀下成长进步，感受到学校这个大家庭的温暖。

（三）定期家访，随时沟通

家庭是教育学生的重要阵地，父母是子女的第一任老师。单亲家庭子女的心理障碍问题很多是由爱的残缺、教育的粗暴及家长的放任不管造成的。教师要经常与家长联系，定期家访，随时了解和通报学生的情况，及时掌握学生的心理动向，调整教育方法与手段。学生小吴，父亲生性好赌，赢了钱就大吃大喝，输了就打小吴和小吴的母亲出气，小吴的母亲不堪忍受而要求离婚，小吴判归父亲。父母离异后，父亲依然成天在外赌钱，小吴随他饥一顿，饱一顿。父亲不顺心时，还时常对小吴拳打脚踢。于是小吴经常逃学，同社会不良青年一起偷东西、看黄色录像、打电游，逐步发展到夜宿游戏厅。我分别找他的父母谈心，在多次劝说、沟通、帮助下，小吴的父亲终于同意让小吴跟母亲生活了。慢慢地，小吴变了，变得开朗了，也合群了，成绩提高得很快，脸上常常挂着笑容。

（四）鼓励参与，集体教育

鼓励学生积极参与各种活动也是教育的方法之一。只有通过实践活动的锻炼，学生才能把获得的知识和规范运用于实践，并在运用中牢固地掌握。同时，也只有在实践活动中学生才能真实地体验生活，产生情感，调整行为，确立信念。但由于条件所限，单亲家庭学生参与实践锻炼的机会较少，教师应多给他们提供机会，鼓励他们在实践中发展，在活动中提高。在学校，学生是班集体的一员，其行为对集体产生着影响，集体也随时随地对他们发挥作用。单亲家庭的学生往往难以融入集体，存在"不合群"的情况。教师应通过组织各种集体活动吸引他们，在活动中加强他们与同学的交往，培养他们的集体意识。这不仅可以使单亲家庭的学生获得师生的关爱，而且可以增强他们的学习动力。

（五）榜样示范，正面引导

心理学研究表明，儿童时期是模仿期，少年时期是幻想崇拜期，青年时期则是理想追求期。榜样对儿童和青少年有巨大的激励和促进作用。从古至今，单亲家庭成材的孩子不在少数。教师应根据实际情况选择合适的典型启迪这些身处逆境的学生，引导激励他们不断前进。对于出现问题的学生，教师更应慎重对待，不要用过激的语言刺激他们，伤害他们，要对他们多些理解、多些慰勉，使他们正确对待自己，努力改正错误。在对单亲家庭子女进行教育的过程中，教师要从正面引导，充分发挥单亲家庭子女的能动作用，积极引导他们自我学习、自我教育，积极主动地配合家庭、学校、社会的教育。

什么钥匙开什么锁，单亲家庭子女的特殊心理障碍只能用心理疏导来解决。随着人们婚姻观念的不断更新，随着生活水平的提高，人们逐步把注意力由温饱意识转向了自我意识、人生意识，越来越多的人用离婚来解除失败的婚姻。在这种新的形势下，学校教育将任重而道远。

参考文献

［1］颜农秋.单亲家庭子女成长环境的辩证分析［J］.上海教育科研，2004（08）.

［2］申荷永，高岚.心理教育［M］.广州：暨南大学出版社，1995.

［3］唐绍洪.婚姻家庭的理性与非理性［M］.成都：四川人民出版社，2004.

［4］钱志亮.儿童问题咨询实用手册［M］.桂林：广西师范大学出版社，2005.

［5］王殿春，闵慧男.不同类型家庭儿童各种情绪指标对学习成绩的影响研究［J］.教育探索，1999（03）.

营造阅读氛围　打造校园文化

朱永新教授在《新教育之梦》中说过："读书，是孩子们净化灵魂的一个非常重要的途径。"一本好书不但可以净化学生的心灵，还可以使学生提高智力，开阔视野，陶冶情操。人的高水平的生命质量需要用读书来锻铸，"腹有诗书气自华"，读书可以提高文化水平，读书能够改变思想，尤其是在童年时期，养成爱读书的习惯，可以提高自身的综合素质，促进健康成长。

"没有书籍的屋子，就像没有灵魂的躯体。"学校是读书的地方，应该充分创设阅读环境，用大量的书籍充实校园，让书香弥漫校园的每个角落，让阅读滋润学生健康快乐成长。茂名市愉园小学的"国粹教育"致力于"传承国粹·展望世界"主题校园文化的建设，努力营造浓郁的书香氛围，为师生创设优美、文明、高雅的书香校园。

一、"四叶草"——触手可及的图书馆

在课间，如何让书香吸引师生为之驻足？如何让书籍和师生如影随形？如何解决书源紧缺的问题呢？最好的办法就是创建可以让师生随时随地阅读的校园书香文化场所。

（一）班级"书吧"

班级"书吧"是学校各班级的一道独特的风景线，让每个教室成为一个小小的阅览室，让学生不由自主地想成为文化人，去静读、静品、静思、静悟。首先，借助家委会的力量，各班级在教室后面配置了书柜，并给书柜进行创意性命名，如有的书柜名为"小星星书屋"，其含义是"书籍就像小星星，一闪一闪亮晶晶"。书柜上摆放着鲜翠欲滴的绿色植物，为孩子们在读书时营造温

馨和静谧的氛围。这种浓厚的班级书香文化氛围的营造，激发了学生参与读书的兴趣，点燃了学生读书的热情。其次，通过多渠道增加班级藏书量，如让学生统一购买"年级必读书目"，让学生自愿捐赠"自己最喜爱的图书"，以及让家长提供"推荐书籍"，等等。最后，引导年级采取"图书漂流"等方式，增加学生的阅读量，有效开阔学生的视野，扩大学生的知识面，提高学生的阅读和交流能力。

（二）学生"四叶草"阅读吧

学生"四叶草"阅读吧坐落于教学楼一楼，环境优美、书香四溢，是孩子们愉悦身心的乐园。"静读间""外教角""交流区"等根据主题设计成不同的风格，墙壁背景采用个性化喷涂，书架上方摆放着美丽的植物花卉，让学生通过阅读、分享等，感受博大精深的文化，探索科学的奥秘，开发大脑潜能，培养创新思维能力，促进学生的个性发展和人格、心智的全面完善。

（三）教师"四叶草"阅读吧

一个有理想的教师应该是一个勤于学习、不断充实自我的教师，是一个能在读书中感受幸福的教师。一个有理想的教师，一个立志成为教育家的教师，必须从基础做起，扎扎实实地多读书。为了激发教师的读书热情，鼓励教师成为读书的楷模，学校创建了教师"四叶草"阅读吧，配置了符合教师专业特点和职业需求的书籍。室内设计温馨，花卉随处可见。课余时，教师们手持咖啡，翻一本好书，享受一室的花香和书香。

知书而后达理，通过大量阅读，教师们实现了从"阅读"到"悦读"的跨越，性格变得更为开朗，心态日渐摆正。阅读为教师奠定了浓厚的文化基础，教育教学理念在不知不觉中发生了转变，"给学生一个充满激情的课堂，给学生一个可以对话的课堂，给学生一个开放的课堂，给自己一个幸福的课堂"成为教师们追求的目标。

二、设计阅读手册

"好记性不如烂笔头。"阅读即悦读，每次阅读都有"精彩摘录"和"阅读感悟"，我们应设计一本阅读手册，随时摘录，抒发读书感悟。学生的阅读手册可以结合学生的年龄特点和认知水平来设置，如"我喜欢的好词""我想说""我积累的佳句""我的阅读感悟"等。阅读手册上有教师和家长评价栏。这样，通过学生阅读做笔记、教师和家长跟踪批阅的方式，提高学生的阅读积极性，同时提高学生的阅读理解能力和阅读感悟水平。

三、设立读书交流园地

班级设立黑板报、展示栏和布告栏。各班级紧扣本班文化特色主题设计展示内容，如手工制作、绘画、书法、照片、奖状、阅读手抄报、读书心得、名人名言摘抄等，用安全图钉将作品固定张贴在教室后面的墙壁上。它如同一个小小的花果园，孩子们在花果园里栽种、养护、体验和分享，展示自我才华，感受成长的快乐。

四、举办阅读活动——精彩纷呈的阅读世界

（一）开展读书行动

兴趣是最好的老师。结合小学生的年龄特点，开展阅读行动，丰富"校园文化"的内涵。

行动一：好书推荐。学校通过学生制作的书讯、教师讲坛等，向学生推荐好书。书讯展示：简短的文字，或是读后感言，或是推荐理由，配上精美的绘画，构成了一份份图文并茂的书讯，像磁铁一样深深地吸引着孩子；教师讲坛：每学期，教师重点讲一两本经典的名著，或是激情诵读，或是人物剖析，或是资料补充，引领孩子们走入经典。

行动二：读书会。班级读书会成了孩子们交流读书成果的舞台，形式多样，内容丰富。此外，我们组织了学生阅读成果展示活动，有读书知识竞赛、朗读比赛、读书笔记展评、书画大赛、读书征文比赛、读书微视频等，让学生在成果分享中体验成功和快乐。

行动三：分层阅读。根据年级的特点，我们分层开展主题阅读活动，孩子们在书香中有了不同层次的体验与收获。

行动四：阅读与创作。每年我校都举行隆重的读书节，每届读书节都有阅读的主题，通过开展孩子们喜欢的特色活动，为孩子们搭建一个成长的平台。如"读书引领人生 书香溢满校园"主题读书节，有课本剧比赛、诗歌朗诵、

讲故事、武术表演等。在课本剧《小壁虎借尾巴》《愚公移山》《花木兰》和《奴隶英雄》中，孩子们把课本中的人物演活了，体验到了书中人物独特的思想和丰富的情感；绘本剧《波斯猫找快乐》让孩子们懂得了"劳动创造快乐"的道理；童话剧《快乐王子》启发孩子们要满怀爱心，热情帮助他人；在学生的诗歌朗诵《老师，您辛苦了》和《我的学校，我的母亲》中，我们能深深感受到孩子们对教师的热爱和对母校的依依不舍；故事表演《狐假虎威》生动有趣；师生诗歌朗诵《我有祖国，我有母语》激动人心，让我们感受到作为中国人的骄傲与自豪。

行动五：红领巾跳蚤书市。这是交换图书、买卖图书的盛会。书市上师生将自己看过的图书、杂志集中交流、拍卖。形式不拘，可卖，可买，可交换，可出借，可赠送。每逢此时，校园里卖书的吆喝声、交易成功的欢呼声此起彼伏，如此红火的"集市"，热闹的场面，成了校园里一道亮丽的风景，也成了孩子们期盼的"节日"。

（二）专题研讨，探索"书香"课堂

我们要让学生爱读书，还要让学生会读书。为传授交流阅读方法，引领学生有效进行课外阅读，学校把课外阅读课排进了课表，每周一节，主要是指导学生阅读方法，如"怎样做读书笔记""怎样才能准确地评价作品中的人物""如何体会文章里的思想感情"。我们的课外阅读课主要有四种基本课型：

（1）阅读指导课：指导学生按"限时、定量、不定篇"的原则制定读书计划，教给其阅读的方法，指导学生制作读书卡片，做读书笔记，培养学生的阅读能力。

（2）读物推荐课：与班级读书会相结合，定期向学生推荐优秀读物或美文，指导学生选择图书，制作图文并茂的"书讯"。

（3）阅读欣赏课：引导学生进行读后欣赏，使学生懂得什么是假丑恶、什么是真善美，从而形成自己的审美观、人生观和价值观。当然，还包括欣赏优美句段、学习表达方法等审美赏析的内容。

（4）读书汇报课：这样的课型主要是引导学生开展语文综合实践活动，基本模式是"自主阅读—合作交流—课外延伸—综合实践—成果汇报"。

（三）评选激励，提升"书香"价值

为充分发挥激励性评价的功能，我校通过评选书香学生、书香教师、书香班级和书香家庭的方式不断提升书香的价值，我们探索这四种"书香"评选的条件、评选的形式及激励的办法来不断丰富和诠释书香的意义。为推进书香校园的建设，学校细化了各年级学生阅读和诵读的内容，把各年级必读书目编辑在《学生阅读手册》里，引导全体学生分时段完成阅读任务，撰写读书笔记，组织评选活动。

1. 书香学生

每班根据条件评选出一名书香学生，填写登记表，报送学校审核，对于审核通过者，学校制作展牌张贴于校园醒目处进行宣传，并颁发荣誉证书及奖品，同时把书香学生组成"书香伴我成长"报告团到各班进行巡回演讲。

2. 书香教师

教师作为学生阅读行动的组织者、引导者，在学生阅读的过程中，应该给学生怎样的读书引领？应该如何做学生读书的伙伴？我们要求教师不仅要读专业的书籍，还要读名篇，增强自己的文化底蕴；不仅要阅读儿童读物，创造与学生对话的条件，还要掌握组织学生阅读的技巧和方法，培养学生读书的习惯，这样才能成为名副其实的"书香教师"。

3. 书香班级

班级是学生读书的主阵地，学校从读书氛围、阅读成效、参与阅读活动等方面制定了"书香班级"评选标准，要求每班做到早晨诵读有内容，课间静读有氛围，每周阅读课有安排。书香班级每学年评选一次。

4. 书香家庭

学生养成读书习惯，会读书，家庭有着不可低估的作用，因此，我们架起家校联系的桥梁，向家长介绍读书策略。组织"亲子共读"活动，让家长与孩子共同分享多种形式的阅读过程，分享阅读的快乐，通过爱的传递，让孩子热爱书籍，让快乐阅读的习惯伴随孩子终身。在此基础上，我们还建立起"亲子阅读论坛"，为家长提供交流的平台，收到了良好的效果。

书是现在、过去和未来文化生活的源泉。我们应营造浓郁的书香氛围，让校园成为师生舒展心灵、放飞希望、实现人生价值的理想乐园，让孩子们在环

境的熏陶下享受阅读带来的快乐，产生乐于阅读、善于阅读的良好阅读态度，激发阅读兴趣，提升阅读能力。校园中的缕缕书香、琅琅书声就像一条悠悠长河，陶冶着师生的情操，让孩子们健康成长。

参考文献

[1] 程大琥，李小琼.让人本精神充溢校园：兼议朱永新的"新教育实验"[J].当代教育论坛（校长教育研究），2008（02）.

[2] 王小占，沈琪，邹永宁.让书香弥漫的校园成为师生心灵奠基之都[N].中国教育报，2012-02-23（07）.

[3] 赵洪涛，张荣伟."新教育实验"为中国教育补缺：记教育家朱永新和他的"新教育实验"[J].陕西教育（教学），2006（06）.

[4] 吴恒山.朱永新的学术研究成就与新教育实验[J].大连教育学院学报，2007（01）.

谈学生厌学情绪及处理

随着我国经济、文化的不断发展，我们身边的事物日新月异，我们也日益受到信息化、学习化社会所带来的冲击，感受到知识的不断深化和面临的机遇挑战，于是社会上出现了"回炉镀金"的现象。但是，学校教育中存在部分学生对学习认识不够，心理上存在厌学情绪的现象。班主任应科学分析其产生的根源，对症下药。

学生的厌学情绪是多方面原因造成的，主要有以下几种因素。

一、社会环境因素

随着市场经济的不断发展、人才供需矛盾的日益尖锐化，有部分学生、家长认为读书并不是唯一的出路，读得好并不一定"混"得好，因而出现了"读书无用"的观点。有些学生认为社会需要多方面的人才，不学习照样能混口饭吃，能闯出一个天地，至于现在只不过是爸妈、老师要自己学。于是就在学校里得过且过，对以后该如何在竞争激烈的社会上立足、社会需要怎样的人才毫无概念，完全没有学习动力。另外，随着互联网的普及，小学生自控能力差，意志力薄弱，加上有些不良网吧经营者不顾国家的有关禁令而只顾赚钱，导致部分学生逃学沉迷于网吧，不能自拔，出现了厌学情绪。

二、家庭教育因素

有的家长望子成龙、望女成凤心切，对孩子要求过高、过严，令孩子觉得自己无能，产生逆反心理，对学习失去信心；有的家长自身文化水平不高，觉得读书无用，这些思想无形中也影响了孩子；有的祖父母宠爱孙子、孙女，对孩子千依百顺，怕孩子学习吃苦，而年轻父母工作忙，闲时要么对孩子缺少关心，要么过于严厉，使孩子对学习有了松散心、恐惧感，产生厌学情绪。另外，有些父母与孩子缺乏情感交流，没有很好地与自己的孩子沟通，不能以德感之，以理服之，对孩子漠不关心或持有片面观点，使孩子产生"学不学无所谓，只要以后有钱赚就行"的念头，失去学习的内驱力，产生了厌学情绪。

三、学校教育因素

有些学校过于追求升学率，造成学习内容过多，作业繁重，考试频繁，令学生产生厌烦情绪；或者教学方法过于简单，使学生觉得枯燥无味。有些教师重视优生，忽视学困生，甚至在教学中挖苦、讽刺、惩罚学困生，使学生产生了逆反心理，对学习失去信心。另外，有些学校的学习生活略单调、枯燥，部分学困生不善于学习，问题越积越多，最终导致学习行为难以持续下去，对学习失去信心。再者，小学生处在身体生长期，心理变化很大，一点小事都可能导致极端思想的产生，如果教师在学习生活中对学生出现的烦躁不安、自卑等心理问题不能及时疏导，学生就会对学校、教师和学习产生逆反心理，出现强烈的孤独感、失落感，产生厌学情绪。

那么，如何处理学生的厌学情绪呢？

1.利用班会进行思想教育

小学生感情较脆弱，当遇到社会环境的某些消极影响时，容易被误导。班主任可利用每周的班会对学生进行理想前途教育，正确的人生观、世界观教育，艰苦奋斗的优良传统教育，等等，促使学生自觉形成抵制拜金主义的良好心理状态，消除不健康的情绪，促进身心健康及提高社会适应能力和是非辨别能力，树立远大理想和正确的人生观。

2.创造条件，建立良好的亲子关系

望子成龙是普天下父母的心愿，家庭教育与学校教育是一致的。在家庭教育中，家长应为子女创造多方面的发展条件，尊重孩子的选择，信任孩子，与孩子交朋友，理解孩子的需要，关心孩子的进步，对孩子的点滴成绩给予肯定。只有建立和谐的亲子关系，才能激发孩子自觉向上的内驱力，才能培养他们的自尊心和自信心，家长才能得到孩子的热爱和敬重，孩子才会主动落实父母的教育要求。学生小吴期中考试结束后就离家出走，原来他的父母对他的学习成绩期望很高，要求他在期中考试中拿到全班第一，但他觉得这次考试达不到父母的要求，认为自己无能，产生厌学情绪，因而逃学。我通过家访与家长进行沟通，让家长明白，创造一个轻松、和睦的家庭环境是孩子学习必不可少的条件。另外，家长要正确对待孩子的学习成绩，减轻孩子的心理压力。小吴回来后，他的父母转变观念，给他的压力减少了，他的学习成绩也逐渐提高，在期末考试中小吴考了全班第一。

3.改变教学方法，培养融洽的师生情感

教育家认为，教学不仅是教与学的关系，也是师生双方思想和情感的交流过程。师生关系直接影响学生的认知活动。学生的兴趣往往源于情感，他们喜欢哪个教师，就喜欢哪个学科，即"亲其师，信其道"。教师良好的教学方法能有效地提高学生的学习兴趣。所以教师要注重专业知识的钻研，努力使自己的教学容易被学生接受、理解，并保持新鲜感。教师在学生中，尤其是在厌学的学生中要塑造良好的教师形象，培养融洽的师生情感，不要有偏见，要尊重学生的人格，实施鼓励教育。1999年，我接手六（1）班时，学生小李由于在五年级时对教师产生了反感，对学习失去了兴趣。我从各方面了解得知他厌学的真正原因后，并没有歧视、讽刺他，而是以一种仁厚的宽容心善待他、接近他。知道他喜欢打乒乓球，每天下午放学后，我都陪他打球比赛。渐渐地，他的心向我敞开了，我们从一对交谈很局促的师生成了无所不谈的朋友，他心里有什么疙瘩都愿意跟我说，也开始愿意学习我任教的科目了。这时，我又帮他争取到其他教师的帮助，这样，他的成绩慢慢地上来了，成了品学兼优的好学生，还当上了英语课代表。

4.培养信心，促其进步

良好的信心是成功的一半，但厌学的学生往往对自己缺乏信心，所以教师应帮助他们树立信心。2000年，我班的学生小冯常逃学，被父母绑着来上学，对学习失去信心。因此，在教学中，我特别注意发现他的闪光点。一次测验，他的成绩比上次进步了20多分，虽然未及格，但我还是在班上表扬了他，并给他发了"进步奖"，当时他很感动。事后，他对同学说："我长这么大还是第一次获奖，我一定要好好学。"此后，小冯的学习信心大大增强了，各科都进步很快，小学毕业后考上了茂名市实验中学。

5.减轻负担，开展丰富的课外活动

学校和家庭应相互配合协调，注意减轻学生的学习负担，消除他们对学习的恐惧感。在要求学生完成学习任务的同时，可开展丰富多彩的课外活动。因为学生都喜欢活动，所以在活动中他们的积极性特别高，能得到一定的心理满足感。如在课外开展诗歌朗诵比赛、辩论比赛、读书比赛、智力游戏比赛等，同时，可根据学生的兴趣及特长成立各种课外兴趣小组，如乐器小组、舞蹈小组、书法小组、体育活动小组、工艺制作小组等，让学生在活动中体会学习的乐趣。

6.注重心理引导，加强学法指导

厌学的学生往往心理比较脆弱，学习动机不明，意志不坚，缺乏学习的恒心和毅力。因此，教师要明白各个学生的能力不同。对成绩下降或遭受学习挫折的学生，教师要给予热情的支持和指导，了解他们的内心想法，指引他们从挫折中走出来，明白一时的成绩下降是难免的，只要找出真正原因，对症下药，及时努力，成绩是完全可以上去的。学生产生厌学情绪的另一个原因就是学习方法不正确，不懂得如何去学习，所以教师应对他们加强指导，教会他们掌握认知规律，培养他们的自学能力。另外，学校要开设心理健康教育课，让学生掌握一定的心理健康知识，自我调节心理状态，解决一些发生在身边的日常小事，不让事情像"滚雪球"一样越积越多，最终因无法承受而心理崩溃。同时，要开设心理咨询信箱，定期解答学生的心理疑难问题。有条件的学校应开设心理健康咨询室，及时对学生的心理问题进行疏导，以免留下后遗症，还要定期进行问卷调查，如学习态度、学习方法、学习习惯、学习环境、人际关系、消费倾向等，及时了解学生的心理动向，采取相应的对策。

总之，学生的厌学情绪给学生本人带来了极为不利的影响，直接影响了他们学业的完成情况。要学生克服厌学情绪，并不是一件容易的事。班主任要根据教育教学的实际情况，充分调动学生的学习积极性，使其树立学习的信心，同时运用形式多样的教学手段，帮助他们克服厌学情绪。